AF368015

EL GORRIÓN ROJO

Mónica Santos

El gorrión ROJO

MÓNICA SANTOS

bubok
EDITORIAL

© Mónica Santos
© El gorrión rojo

ISBN papel: 978-84-685-0164-2
ISBN digital: 978-84-685-0165-9

Impreso en España
Editado por Bubok Publishing S.L.

Reservados todos los derechos. Salvo excepción prevista por la ley, no se permite la reproducción total o parcial de esta obra, ni su incorporación a un sistema informático, ni su transmisión en cualquier forma o por cualquier medio (electrónico, mecánico, fotocopia, grabación u otros) sin autorización previa y por escrito de los titulares del copyright. La infracción de dichos derechos conlleva sanciones legales y puede constituir un delito contra la propiedad intelectual.
Diríjase a CEDRO (Centro Español de Derechos Reprográficos) si necesita fotocopiar o escanear algún fragmento de esta obra (www.conlicencia.com; 91 702 19 70 / 93 272 04 47).

Para los soñadores

Para mis padres
por enseñarme a soñar

La esperanza es algo con plumas
Que se posa en el alma
Y canta su canción sin palabras
Y jamás se calla

Emily Dickinson

Índice

El gorrión rojo

El gorrión rojo pintaba su sombra sobre el bosque, esperando encontrar un lugar donde posar su canción. Sabía que estaba solo en el mundo, pero al cortar con sus alas el viento se sentía libre y dichoso y no temía la soledad.

La niña del cabello de fuego levantó sus ojos empañados por visillos de llanto, esperando que el gorrión rojo bajara a compartir con ella sus juegos.

El gorrión vio un día cómo la niña lloraba, y pensó que era un hada y bajó suavemente del cielo, que era su pedestal.

La niña le dijo que nunca se separarían, y entonaron juntos a dúo una dulce melodía que perfectamente empastaba.

Y la niña, entonces, le encerró en una jaula, para tener siempre cerca su canto y no volver a sentirse sola jamás. Al poco tiempo, con compañía pero con su libertad quebrada, el gorrión rojo se apagó, como la tormenta apaga una pequeña llama.

La niña del cabello de fuego entregó el frágil cuerpo del pájaro al río, y dejó que la corriente lo arrastrara, como si nunca hubiera existido.

Sin derramar una sola lágrima, la niña levantó de nuevo sus ojos al cielo, ansiando atrapar otro ser con el que tuviera idéntica afinidad.

Un día de playa

Me gusta escuchar con los ojos cerrados el murmullo efervescente del mar contra la arena. La arena blanca, inundada por las sábanas de espuma que el mar tiende por encima, arropándola con su fuerte brazo, la cubre con fuerza con su manto mojado, y la destapa con delicadeza.

Suavemente, dejando la arena mojada y dura.

Me gusta abrir los ojos y ver cómo los rayos del sol, cansados de irradiar su luz, se van apagando, después de un duro y cálido día de verano, recogidos en sacos rojos que se confunden con las sombras de un mar quieto y dorado.

Me gusta sentarme aquí, en la arena templada, y dejarme llevar. A la deriva. Como si fuera una tabla, mecida por el agua. Como si fuera parte de un reloj de arena del que no cae nada. No transcurre ningún segundo. Nada.

La arena está en calma. Solo pequeñas olas de arena blanca parecen ser movidas por la brisa y crean dulcemente, como caricias, dunas en la playa. Pequeños colchones blancos en los que tumbarse para ver cómo el mar se mueve, y cambia, olvidando sus formas.

Eso es lo que me gusta a mí. Olvidarme del mundo. Olvidarme de todo. Menos de ti, que apareces con tu sonrisa inundándolo todo. En mi vida, todo cambia menos tú, que aun pudiendo cambiar permaneces inmutable.

Me gusta cuando escucho a lo lejos las risas infantiles. Cómo se mezclan y se superponen como las olas sobre la arena. Una sobre otra. Me llegan palabras sueltas. Niños que juegan con un balón, de esos que en verano regalan con las cremas de protección solar y con los cereales.

Las palabras que vienen y van. La arena se agita insistentemente y choca contra mi piel. Las palabras, los segundos, las olas, los murmullos… me siento tan relajada que me tumbaría eternamente a dormir aquí, en la playa. Sintiendo el roce de la arena en mis manos.

¡Cómo me gusta! Suave y áspera al mismo tiempo. Todavía noto cierta calidez. Como si pudiera infundírsele aún aliento. Como si el final del día fuera reversible.

Me gusta hacer montoncitos de arena con mis manos, evocando los castillos que hacía de niña y que fueron derribados. Reviviendo las historias que inventaba y que arrastró el viento. Mezcla de palabras y arena, ¡se las llevó tan lejos…!

Miro a mi alrededor y busco con la mirada un castillo abandonado al atardecer por su rey o por su reina. Y pienso en las pequeñas manos que lo han construido. Y pienso en todos esos castillos que edifiqué de niña, perdidos. Desvanecidos. Y en todos esos sueños, rotos, que volaron en pedazos, para formar pequeños sueños nuevos que, poco a poco, se fueron amontonando, formando también dunas.

Y pienso que todo es finito, y a la vez infinito. Esos momentos ya pasados y sin embargo en mi memoria tan vivos aún.

Ese castillo abandonado en la playa, tal vez añorado por un niño desde su casa. O tal vez ya olvidado.

Me gusta ver cómo las nubes crean formas en el cielo. Nubes caprichosas que cambian como mis pensamientos…

como la arena que se mueve. Como el mar, que parece despertarse de su sueño y me arrastra, junto a mis pensamientos, mar adentro.

Me gusta, me gusta tanto estar aquí perdida. Lejos del mundo. Me gusta que el mar arrastre todo lo demás. Que erosione con sus olas lo que no importa. Me gusta pensar en ti.

No me gusta que las nubes a lo lejos parezcan firmar un pacto de sombras. No me gusta que se junten y parezcan soplar con más fuerza el aire, como si fueran partícipes de una conjura. ¿Discuten las nubes en su desesperación, o en su locura? Siempre cambiantes. Miles de formas, de personalidades.

No me gusta que el viento libere mis cosas como si fueran gaviotas, y que vuelen, vuelen lejos de mí por toda la playa.

No me gusta que los niños corran tras el balón, ahora codiciado por el viento y con el mar llamándole a lo lejos. No me gusta comprobar que las sábanas de espuma blanca se convierten en gigantes que arrasan la playa, y la van consumiendo, convirtiendo en oscuridad con su estela ese mar azul cristalino, en el que los cuerpos sumergidos de bañistas tardíos, hace tan solo un momento, brillaban como antorchas.

No me gusta que al correr cerca de mí tras el balón los niños levanten más la arena, formen remolinos a lo lejos, y con sus pies descalzos destrocen el castillo, construido con ahínco y duro trabajo por algún otro niño. ¡Tantos sueños que no se verán cumplidos!

No me gusta. No me gusta escuchar un grito. No me gusta que los niños lloren, entristecidos. No me gusta recoger mis cosas, perdidas por toda la playa, recomponerme y volver a casa.

No me gusta colocar el reloj en su sitio, y ver cómo cae la arena al fin, al tiempo que la tormenta comienza y desploma sobre mí la lluvia intensa de verano.

No me gusta darme cuenta de que tengo todo el cuerpo pegajoso por la crema y lleno de arena. No me gusta volver a la realidad y terminar el día de playa.

Pero al menos, me gusta pensar que a cada paso que dé estaré más cerca de ti, y no tendré que evocarte porque estarás a mi lado, junto a mí.

Y poco a poco, me gustará volver a la realidad, y al mismo tiempo volverá todo lo demás, como escupido por las olas del mar.

Y sé que no me gustará que, al verme llegar empapada y pegajosa, desde tu refugio pulcro y seco, muevas la cabeza a ambos lados, y le digas como un susurro al viento:

—¿Ves? Por eso no me gusta la playa.

Memorias de olmo viejo

En un pequeño rincón, en un jardín, en un lugar llamado Indiana, el niño Abraham me trajo envuelto en una tela y me colocó despacio en el agujero que hizo con sus propios dedos. Me sentí arropado y pensé que era un buen lugar para echar raíces.

El jardín era de la señora Pierce, una mujer madura que dedicaba su vida a ese pequeño rincón de hierbas verdes y menudas, salpicadas por flores de colores. Esas campanillas que repiqueteaban en el aire agitando su color violeta marcaban el paso del tiempo como si fuesen su condena.

Pasaba el día trabajando en el jardín con sus guantes manchados, y las tardes las pasaba en el porche suspirando, esperando que él regresara. Mirando cómo en el camino de arena las imágenes se distorsionaban ante sus ojos, hasta dibujar las sombras que en su cabeza pintaba. O quizá fuese la edad que no le daba tregua. Eso debía ser, porque muchas veces ella susurraba su nombre al distinguir una figura oscura avanzar más allá de la cerca. «Sam, Sam», decía ella, pero por mucho que estiraba mis ramas para mirar el camino, no conseguía ver nada.

Aquella mujer peinada hacia atrás, con el pelo estirado y ya canoso, lloró sobre mí tantas veces regando mi corazón de madera con sus lágrimas que me llegó muy dentro y absorbí su esencia.

Siempre olía a flores de lavanda recién cortadas, a jabón y a tarta de manzana. Siempre esperando en aquel porche que abrazaba la casa, la señora Pierce no tenía a nadie que la abrazara, y a cambio ella se llevaba al corazón con fuerza una foto amarillenta y emborronada.

Pero el tiempo giraba y giraba, y la señora Pierce envejeció, esperando eternamente la llegada de aquel hombre que debía ayudarle en su jardín. Ya no salía casi nunca más allá del porche, y a su cuerpo encorvado y a su mirada siempre ausente ahora se añadía la pena de ver su precioso jardín perdido para siempre. La naturaleza volvía a reivindicar lo que había sido suyo y las ramas y la maleza se abrían paso en cada rincón de aquel pequeño mundo, mi mundo, destrozándolo.

Y así, un día, cuando la señora Pierce se mecía dulcemente, muy despacio en el porche, con la luz del crepúsculo filtrándose entre las ramas de los árboles, se durmió plácidamente para siempre, dejando que aquella foto se escapara de sus dedos muertos, arrebatada por la brisa que la posó con cuidado en mi copa, para que pudiera ver su rostro moreno, el rostro de Sam.

El silencio se rompió por culpa de un búho que se movía curioso por mis ramas, y la foto se perdió.

Entonces, imaginé la razón por la que los dos se habían separado. Él tenía la piel oscura, ¡y ella era tan pálida! Tal vez blanco y negro no iban bien juntos.

Comprendí que la vida es frágil y extraña. Y yo estaba encadenado, condenado a seguir mirando desde arriba, aunque no lo quisiera. Cada vez más alto, los años giraban sobre mi espalda dibujando círculos, y yo quería ser cada vez más y más alto para ver mejor detrás de la cerca y ver cómo el mundo giraba.

Pero las cosas que vi me estremecieron. Una guerra cruenta se levantó y el fuego y la pólvora se adueñaron de todo. La guerra era lejana, pero aun así penetraba dentro de mí de una manera extraña. Cuántos gritos escuché, atado a mis raíces sin poder huir como hacían todos. Casacas azules y casacas grises. Gritos que parecían rayos contra mi corteza de olmo, empañada por la ceniza que cayó sobre mí como si fuese nieve negra. Todo mi cuerpo temblaba, y después cuando todo terminó, solo recuerdo silencio. Silencio durante mucho, mucho tiempo.

Tras muchas marcas solitarias en mi corteza llegaron los Scott, esos dos niños que iban a ser tan importantes. Jack era un muchacho al que le gustaba subirse a mis ramas. Construyó una pequeña casa, en la que hacer realidad sus sueños. Promesas incumplidas que nunca llegaron a ser más que eso.

Su hermana, Sarah, fue mi favorita desde el primer día. Ese día en el que llegó siendo niña y al tocar mi tronco y agarrarse a mis ramas, tratando de aspirar mi aroma, susurró: «Hueles a lavanda». ¡Claro que sí, mi pequeña niña, olía a lavanda!

Sarah era pequeña pero sabía leer y escribir. Leía poesía en voz alta, primero las de otros, y luego empezó a leer las suyas. Yo temblaba de emoción con sus palabras, con su modulación y sus acentos.

«¿Cuánta gente ha pisado este jardín, y qué vidas han llevado?», se preguntaba, inventándose todas aquellas historias.

O aquellos versos sobre Indiana que empezaban así: «Indiana es tierra de indios y de maizales», pero que ya no recuerdo.

Imaginaba a todos los indios pisando la hierba, con sus pies descalzos, y según hablaba, me parecía verlos a mi lado. Y ya no me sentí tan solo.

Si un árbol viejo puede enamorarse, yo lo hice en ese instante.

Pero los años, siempre los años, pasaron y Jack, que ahora era el tutor de Sarah, había crecido tratando de alcanzar mis ramas y decidió casarla. Recuerdo los gritos en el porche, y cómo ella lloraba. El viento me traía una mezcla de su fragancia de rosas, con un toque salado de las lágrimas. Y los pájaros cantaban, tal vez tratando de tapar con su sonido todos esos llantos y gritos en el abismo.

Su prometido vino entonces, y ella le entregó su vida envuelta en lágrimas y mentiras, como engañoso regalo. Ella no le amaba, lo sé. Ella no le amaba. Junto a mí lloró la noche anterior a la boda mientras leía en voz alta aquellos versos, algunos de esos versos que no había tenido el valor de convertir en ceniza. Esos versos suyos, que su esposo no aprobaría. Y allí con la luna como testigo, y con una pequeña pala, Sarah cavó y enterró una caja metálica.

«Aquí guardo mi vida, y entierro mi alma.»

Y la vi alejarse con su velo de novia y ese olor a rosas, que ya nunca me ha abandonado. Jack se quedó a cargo de la casa. Las deudas, los problemas debían de ser profundos, porque las arrugas surcaban su rostro de líneas anchas y oscuras. Aquel hombre no se parecía ya en nada al niño que trepaba a mis ramas. «¿Por qué hay que complicarlo todo?», me decía. Ojalá hubiera podido caminar y sentarme junto a él en el porche. Le hubiera recordado todas esas cosas que siempre fueron importantes. Pero no podía. La impotencia ha sido mi vida.

Ni siquiera pude hacer nada cuando él llegó un día con una cuerda que ató a una de mis ramas y a su propio cuello. Hacía muchos años habíamos estado unidos, compartiendo sueños, que yo no podría olvidar jamás porque él los había grabado sobre mi corteza con su pequeña navaja. Y ahora, yo que todavía tenía sobre mí aquella casa de madera, o lo que quedaba de ella entre mis ramas, le convertí en una marioneta, sujetando su hilo y con él sujetando apenas su último aliento. ¿Por qué contemplar tanta tristeza? Mis hojas cayeron desconsoladas. Mi grito de dolor despertó a los polluelos que dormían plácidamente en el nido.

Vida y muerte a tan escasa distancia.

Sarah tuvo una hija, Mary, que se hizo sufragista. Su madre no la comprendía. De tanto fingir acabó por creerse su vida de mentira. Y Mary se marchó y nunca regresó.

Y tal vez Sarah, en la soledad de aquella casa, a la que el porche abrazaba y que había heredado, al mecerse suavemente y mirar hacía el jardín pensara en aquella caja que había enterrado, y la vida que había perdido. En esa pequeña tumba que ella misma se había cavado.

Pensó, seguro, que era irónico que Jack hubiera muerto justo en aquel lugar, bajo aquellas ramas, mis ramas, donde ella de alguna manera había muerto hacía tantos años.

Sarah se apagó lentamente, como la tarde se apaga, como si fuera una tenue llama, y el aliento la hiciera estremecer hasta borrarla. Ya no me quedaba más dolor en mi savia blanca.

Ahora, el nuevo inquilino es un hombre corpulento, de piel negra. Me estremecí al saber que su nombre era Sam y que le gustaba la jardinería. ¿Por qué el tiempo es tan relativo? Me gustaría decirle a la señora Pierce que tal y como ella esperaba Sam volvió un día, y se sentó en el mismo porche en el que ella consumió su vida. Si hubiera podido llorar lo habría hecho. Pero los olmos viejos no lloran salvo cuando la mañana los cubre de rocío.

Y vi a aquel hombre, a Sam, remover el suelo con la pala hasta encontrar una vieja caja, de la que sacó unos poemas, que leyó en voz alta, en el porche a la luz de las velas, mientras tomaba una porción de tarta de manzana. *Vida y muerte de Sarah Scott.* «¿Cuánta gente ha pisado este jardín, y qué vidas han llevado?», se preguntaba Sarah en aquellas viejas páginas que yo aún recordaba. Él conocía a un editor y se encargaría de hacerle llegar el manuscrito. «Sarah Scott, te harás famosa», pensó.

Aquello le dio la idea. Abrió un viejo libro de la biblioteca, *Historia de Indiana.* En la primera página, unos trazos infantiles reivindicaban a su propietaria, «Mary S». Y una nota, escrita mucho después, cuando aquella niña ya habría aprendido a domar su caligrafía: «¿Por qué no hay mujeres en este libro?». Y Sam sonrió, y susurró:

—Yo también sé mucho de eso, Mary. Siempre me he sentido ignorado, pero ya es hora de salir de detrás de las sombras.

Descorchó una botella de vino, aromatizada con rosas y lavanda, vertió el vino en la copa, y al levantarlo, dejando que la luz del crepúsculo le otorgara un color más oscuro dentro del cristal, pasó varias hojas del libro y el azar quiso que apareciera una fotografía de Abraham Lincoln. Me sorprendí al darme cuenta que yo había conocido a aquel hombre cuando él era un niño y yo un pequeño arbolito.

Sam abrió su cuaderno y empezó a escribir *Vida de Abraham Lincoln,* por Samuel Reddison. Él siempre había querido escribir, pero nunca, nunca se había atrevido. Y ahora que los tiempos cambiaban, tal vez tenía una deuda con todos aquellos que habían perdido sus sueños en el camino.

Y yo contemplé la escena a través de mis hojas, que eran como miles de ojos, y pude ver cómo el jardín volvía a ser lo que había sido un día. Y casi pude ver al niño Abraham que me colocaba con cuidado en un agujero hecho con sus manos, en un pequeño jardín, en un lugar llamado Indiana.

Y sonreí al comprender al fin, que el tiempo pasa y pisa todo a su paso. Solo quedan los sueños que aletean como pájaros en un jardín muerto, esperando encontrar una rama en la que posarse y entonar su canto.

Una pequeña estrella

Venid todos aquí y os contaré un secreto. Hace muchos, muchos años, no había estrellas en el cielo. Sobre nuestras cabezas solo existía un desierto oscuro recorrido por una brisa helada. Y no había día, no había noche.

Al mismo tiempo, la gente estaba triste y contaminada. Como si el vacío se hubiera llenado de odio, y al rebosar, hubiera vertido sus sombras en el espíritu de los hombres, atrapando muy dentro su risa y su alegría.

A este mundo extraño llegó una pequeña estrella. ¡Estaba perdida, y se encontraba tan triste y sola!

Y al llegar trató de llamar la atención de la gente, pero todos los que encontraba en su camino se apartaban de ella, desconfiados.

Ella gritaba: «¡Quiero volver a mi mundo, en el que al nacer, nos rodean de luz y de magia!». Pero el aliento de la estrella consumía su fuego lentamente, entre suspiros de pena. ¡Derramó tantos rayos y lágrimas de fuego, que mientras se vaciaba logró cubrir el cielo de un mar rojo e intenso!

Y la gente miró temerosa arriba y al fin algo se quebró dentro de ellos y su indiferencia se transformó en admiración ante tanta belleza.

Y de los ojos de los hombres brotaron lágrimas. Y de los labios irradiaron sonrisas.

Y la estrella vio con sorpresa que crecía su luz en tamaño, intensidad y forma.

Fue entonces cuando comprendió que aquel era su sitio y decidió quedarse. Y como estrella solitaria que era, se llamó a sí misma Sol.

Sol sabía bien que en medio de toda oscuridad, siempre queda una pequeña llama. Pero para hacer de una brasa olvidada un gran fuego hace falta fe, paciencia y esperanza.

Entonces, como un faro, su luz invitó a otras estrellas a unirse en un juego, dibujar figuras y sueños en el cielo.

Ahora, la brisa nocturna es cálida y aviva la luz de las velas, que desde arriba iluminan la noche.

Y cuando la gente mira hacia el cielo y encuentra una estrella, cierra los ojos y pide un deseo.

Y así me contaron cómo las estrellas crecen y brillan más fuerte.

Un bandido como tú

Cuánto tiempo ha pasado desde aquellos días. Lo veo todo borroso, aunque no tanto por los años transcurridos, sino porque entonces el viento del desierto no tenía barrera y se metía en los ojos, arañándolos como minúsculas uñas. Eran tiempos salvajes e indómitos en los que yo admiraba tu retrato clavado en las paredes del pueblo, como si te hubieras clavado más en mi piel que en aquella pared desconchada. No sé por qué yo miraba el fondo de tus ojos e intuía que no eras como los otros.

Nada que ver esa imagen con la sombra que ahora veo frente a mí, mientras pierde la mirada ya sentenciada en el interior de la celda. Un rostro surcado con el arado del tiempo y sembrado de barba blanca. La luz de la luna deja tu figura pintada con las sombras de las rejas oscuras. Y yo, con mi estrella en el pecho, me quedo sin palabras. Como si se las llevara el viento antes de ser pronunciadas.

Lo recuerdo todo. Viniste a matar a un hombre y llegaste como en mis sueños volando en una nube de arena, a lomos de aquel caballo negro al que alentabas con tus espuelas. Te vi llegar al pueblo calzando tus botas de cuero, tu rostro cubierto por un pañuelo y tus ojos escondidos por la sombra de tu sombrero.

Todos estaban aterrorizados con la noticia de tu llegada: «William Quick, el famoso bandido, el maldito, llegará con la luna llena». Un duelo, un duelo de tantos a manos de William Quick, en una ciudad perdida en la frontera.

Todas las sombras temblaban. Todas, menos aquella pegada a ese hombre muerto que aún respiraba cuando apareció la luna llena apaciguando el horizonte. La luna, con su reflejo pálido y asustado, anunciaba su muerte con luz clara. El pobre desgraciado solo sería una muesca más en tu revólver.

Era un peligroso bandido, eso seguro. Tantos crímenes grabados en sus manos que habían tapizado la arena de púrpura antes de que tú hubieras llegado. Ni el sheriff ni los otros tenían el valor de hacerle frente.

Ahora los tiempos han cambiado el paisaje, pero no el corazón de los hombres, y yo… yo entonces solo era un niño, con muchos pájaros en la cabeza, que soñaba con ser un héroe.

Mientras miraba cómo dabas de nuevo tus últimos pasos clavando la bota a la arena, el viento llegaba y levantaba el polvo sin reposarlo siquiera.

Yo miraba la escena a salvo, detrás de un pequeño y reciente agujero de bala que había en la pared de la posada. Tenía que ponerme de puntillas, estirando bien el cuerpo, como si estuviera tumbado, clavándome las astillas, pero no me importaba, aquella era mi ventana al mundo para contemplar el que yo creía mi futuro.

Y mientras Caronte esperaba, le miraste a los ojos, como antes, otras veces, habías mirado a otros muchos. Pasó una eternidad en un instante como si ambos en ese momento pensarais en lo más importante. Unos metros os separaban. Los dos a veinte pasos y a una bala de la muerte. Supongo que nunca pensaste en las veces que recorriste el camino de arena y lo convertirte en sangre. En aquel momento, los revólveres salieron rápidos de las fundas, al contacto con los dedos. Como si fuesen buitres carroñeros que volaban en busca de la muerte, disparando balas como graznidos, que cortaron el viento, y que me robaron el aliento, apuñalando mi oído. Olor a pólvora y gritos.

Me dolían los pies, me dolían los dedos de estar de puntillas. Sentí un calambre en las piernas. Y cuando vi, cuando vi que tu cuerpo caía desplomado, salí corriendo hacia ti, pensando que morirías en mis brazos ¡En los brazos de un muchacho desconocido que tanto te había admirado!

Pero al llegar a tu lado, con el corazón en los puños, comprobé que tu herida no era profunda, y que en ella no cabía aún tu vida, ni mi llanto. Y al mirar, al mirar al otro le vi tendido en un charco de sangre y arena, y supe que el villano había caído por tus manos.

—¿Está bien, señor?

Y me sonreíste, al levantarte. Me alborotaste el pelo sucio, cubierto de tierra, y con tu voz grave me dijiste:

—Apártate de mi camino, pequeño —Y pusiste una moneda de oro en mi mano—. Ódiame a mí, y odia todo lo mío. Soy solo un bandido. Y te alejaste aún herido, desvaneciéndote de nuevo en el polvo del que habías aparecido, dejando todas esas huérfanas huellas, que muy pronto serían tapadas por el viento y enterradas en la arena.

Unas gotas de sangre unidas al polvo atestiguaban lo que allí había ocurrido. Sangre tuya, sangre de aquel al que segaste la vida manchaban el camino. Y una mancha roja arropaba en silencio la moneda, que parecía susurrarme aquellas palabras, que entonces me dije para dentro: «Un día seré un héroe, como tú».

Pero los años cabalgan por caminos inciertos, separándose de los sueños. Y aquel día resultó que no solo mataste a ese cobarde, sino que por cada ojo escondido que había contemplado aquella hazaña dejaste un rastro de sangre que multiplicó al bandido que yacía muerto y semienterrado por el viento, por cada estrella suspendida que tiritaba en el cielo. ¿Qué es verdad, lo que fue o lo que se recuerda? ¿Cuántos bandidos murieron aquel día? «Una gesta inigualable», dirían.

Y en cuántos lugares ocurrió lo mismo. A cuántos niños compraste. Compraste tu mito, con tus balas y tus monedas. ¿No debería caer todo esto del lado bueno de la balanza? Deberían recibirte con un aplauso en el estrado en lugar de con una soga en el cadalso. Dímelo tú, bandido. Dime a cuántos salvaste la vida aquellos días furiosos.

Todos esos rostros hechos de arena, que se confunden en el horizonte. Todas esas huellas que ni el tiempo ni el viento han borrado. Toda esa sangre que derramaste al cortar sus venas. Todos esos gritos que llegan a mis oídos.

Miro tus ojos brillantes, y aún en el fondo me parece que no eres como los otros. Que eres un hombre bueno. Por qué, si no, nadie se atrevió a cobrar la recompensa hasta ahora, que los tiempos han cambiado tanto y ya no es necesario pronunciar tu nombre.

Pero el tiempo no ha borrado el rojo de tu sangre en la moneda. Ese rojo que me quema en el bolsillo. Esta moneda que me pesa tanto que mañana con la luz del alba, cuando tus pecados cuelguen de un hilo para ser medidos y pesados, quizás el peso de la moneda será superior al de tus pecados.

Y tus ojos oscuros como dos balas, entre una nube de arena, me perseguirán y serán mi condena. Te unirás a las sombras que te rodean y a la tormenta de arena, que hace tanto tiempo ya enterró todos mis sueños.

Vete lejos de mí. Vete y déjame con mi cobardía. Pero si me miras, perdóname. Perdóname por no poder evitarlo. Perdóname por no encontrar dentro de mí el valor para ser un bandido como tú.

La otra voz

Si habéis visto alguna de las estupendas películas de Matt Hobson, sabréis a lo que me refiero cuando hablo de presencia hipnótica. Y si las habéis visto dobladas, tal vez incluso reconozcáis mi voz.

Yo no tenía vocación de actor, y menos de doblaje. Empecé en esto como se empieza con las cosas importantes, por casualidad, y aunque él no lo sabía, llevaba ya quince años pegado a su sombra, y a fuerza de prestarle mi voz y mi poco talento, la verdad es que se me fue metiendo dentro. Acabé vistiendo como él, adelgazando, o engordando según su papel. Me teñía el pelo, me tatuaba, cualquier cosa que hiciese él y estuviese al alcance de mi famélico bolsillo la hacía yo sin pensarla si quiera, como si solo fuera su espejo.

Aquel fatídico 20 de febrero yo me inclinaba sobre el atril de metal leyendo el guion en la sala de doblaje con el reflejo de Matt posado suavemente sobre mi rostro, mientras trataba de encajar cada sílaba en sus movimientos labiales.

—Repite esa última línea desde el «hola» —dijo el director desde la cabina iluminada.

—Hola —repetí encajándolo perfectamente en el «hello» silenciado de Matt.

—Espera. Corta. Ha ocurrido algo, Luis, me acaban de decir que Matt Hobson ha muerto esta mañana.

Fue a las ocho de la mañana hora de Los Ángeles cuando ocurrió. «Sobredosis», dijeron. Las noticias eran aún confusas. No podía creerlo, él no podía morir y dejarme solo. Él era toda mi vida. Estaba tan conmocionado que no podía trabajar y acabaron por darme el resto de la tarde libre.

Vagué por las calles mojadas de Madrid como en un sueño. Paseaba sin ningún destino, subía y bajaba la misma calle, dando vueltas a las mismas manzanas. Después de varias horas decidí buscar una licorería de esas en las que envuelven las botellas en papel marrón. Quería emborracharme, sí, pero quería hacerlo como en las películas.

La lluvia había provocado un gran apagón, como si todas las luces, ahora que Matt no existía, se apagaran como señal de respeto, o simplemente porque la ciudad no estaba hecha para la lluvia.

—Esto es por ti —dije levantando la botella y brindando a la luna cubierta de nubes de tormenta.

Cuando llegué a casa, empapado y con la bolsa rota, abrazando con fuerza la soledad del cristal de las botellas, no tuve más remedio que subir a tientas por la escalera, y una vez arriba, en el apartamento, fui bebiendo pequeños sorbos por su memoria, al tiempo que buscaba una caja de cerillas. Lo revolví todo a oscuras, hasta que encontré una pequeña caja, de esas con publicidad de algún restaurante en la tapa, y encendí la primera.

Miré a mi alrededor, elevando la pequeña llama hasta iluminar mi rostro, y al hacerlo me pareció descubrir sombras, contornos extraños que parecían esconderse en las paredes del cuarto. Se me cortó la respiración. Me asusté y tiré al suelo la cerilla, y al hacerlo las figuras desaparecieron a su vez entre las sombras. Agité la cabeza y por un momento pensé que estaba loco.

Bebí un sorbo más. No había nadie allí conmigo.

«Debe de ser el alcohol, que me hace ver cosas que no son», me dije y encendí otra cerilla. Entonces, entre las sombras, una figura de mujer se hizo corpórea.

—Hola, hijo mío —dijo aquella señora que no recordaba haber visto en mi vida, pero estaba seguro de que no era mi madre. Me asustó con sus gafas gruesas, que distorsionaban su mirada. Era de mediana edad, llevaba una bata y una redecilla en el pelo.

—No me gusta la casa que tienes ahora, era más bonita la de antes —añadió la señora. —No me dijiste que pensabas mudarte. Mírate, estás empapado, quítate esa ropa mojada.

—Matt, soy Hal —dijo otra voz a su lado. Un rostro de hombre mayor, con poco pelo y cara de preocupación—. ¿Por qué me traicionaste? —me preguntó lloroso—. ¿Por qué te marchaste de la agencia? Yo fui quien te hizo grande, podría haber encontrado un papel maravilloso para ti.

—Matt, solo necesito doscientos dólares, de verdad, los necesito. Será la última vez que te pida dinero, por favor ayúdame —dijo una tercera figura, una muchacha que se comía nerviosa tanto las sílabas como los mechones de su propio pelo castaño. Su cara pálida y delgada, los brazos calados de agujeros.

—¡Pero yo no soy Matt! —les dije—. ¡Os habéis equivocado! Matt ha muerto esta mañana.

Pero no parecían escucharme. Yo no era Matt, pero la confusión era posible alumbrada por la luz de una simple cerilla.

—¡Marchaos de aquí! —Asustado y confundido soplaba la pequeña llama azulada acallando sus palabras, una y otra vez, pero antes de que el humo desapareciera, las anhelaba. «No puedo estar solo, no quiero estar solo.» Y encendía de nuevo una cerilla. La mujer que no era mi madre, el hombre mayor que me regañaba por haber cambiado de agente y haberle dejado en la estacada, y la joven llamada Sue, que me pedía insistentemente doscientos dólares.

—Lo juro, Matt serán los últimos —me decía.

Seguí con mi extraño juego hasta que una cerilla mal apagada cayó en la moqueta polvorienta.

La llama brillante recorrió la habitación rápidamente, y el fuego creció hacia arriba y me cubrió como un edredón, sin darme casi tiempo a reaccionar.

Después solo recuerdo un infierno rojo y gris. Cuando lograron sacarme de allí, inconsciente, tenía la piel quemada en casi un setenta por ciento. Debería haber muerto, y de hecho pensé que había muerto.

Me debatí durante semanas en mitad de ningún sitio, dudando si coger el camino de la luz o el otro. Florence Hobson me cuidaba noche y día, contenta de que le dejara entrar al fin en mi vida.

—Te cuidaré como no te cuidé cuando eras niño.

—Vale, mamá —le dije sin atreverme a contradecirle.

Le di doscientos euros a Sue, me besó en los labios y caminó con una gran sonrisa hacia la luz.

Y le dije a Hal que por supuesto aceptaría el papel que encontrara para mí y se llevaría el quince por ciento.

Cuando desperté entre las sábanas blancas del hospital con olor a carne quemada, la primera llamada que recibí fue extraña, me daban el papel principal de un gran musical. Había sido recomendado por alguien, aunque nunca supe por quién. Lo más raro es que no me había presentado a ninguna audición para ello. Así que pensé en Hal. Es una locura, lo sé.

Y ahora, tras la máscara de látex, simulo ser un fantasma. Y oigo aplausos desde cada butaca. Butacas rojas teñidas por miles de colores diferentes. ¡Y me aplauden a mí! ¡A mí!

Y yo, Luis, envuelto en mi capa oscura que oculta mi otra piel, la que ahora es solo mía, cubierta de cicatrices negras, proyecto desde arriba esta voz, mi propia voz, despojada de toda impostura.

Y sí, ahora soy una estrella, pero aún tengo una queja, por mucho que enciendo cerillas en la oscuridad del camerino no veo nada más que sombras y humo. Y me preocupa, porque no sé cómo hacerle llegar a Hal su quince por ciento.

Ayer, en el Archivo de las Palabras que No Importan

Ayer, en el Archivo de las Palabras que No Importan encontré tu nombre, como una certeza que te atrapa y ya nunca te suelta. Había llegado allí después de una eternidad esperando junto a los muros infranqueables de la fortaleza que se abriera una grieta lo suficientemente gruesa para permitirme entrar y rescatarte, devolviéndote más allá de las fronteras donde habitan para siempre los recuerdos.

Conocía las normas que existían para que el portón se abriera:

No estar vivo.
Que nadie vivo pudiera recordarme.
Que tuviera alguna cuenta pendiente con el Olvido.

Quizás no era un candidato para entrar, pues hice cosas terribles que deberían ser recordadas, aunque como soldado sin nombre no había sido más que un trazo escrito a lápiz en una página de la historia del mundo, perfectamente borrable. Solo un canto rodado arrojado por las olas contra un muro.

Finalmente alguna piedra pareció moverse, dejándome entrar por un hueco, y una vez dentro no fue difícil robar un uniforme que me confundiera con el resto. Los olvidados son gente apática, que muchas veces abrazaron el Olvido voluntariamente, por lo que rara vez reaccionan. El lado malo es que tampoco existe amistad o compañerismo, nadie necesita nada. No traté de buscarte allí dentro, sabía que para liberarte solo existía una llave: debía encontrar tus palabras.

Me entregué al trabajo de buscar en la arena, metiendo las manos hasta el fondo. Buscar entre los papeles rotos que el tiempo fue amontonando y tratar de encajarlos, como si tú fueras un puzle que debían reconstruir mis manos.

Recordaba tu caligrafía que evocaba a cada instante, pero no encontraba correspondencia entre todos aquellos fragmentos embarrados y pisoteados después de tanto tiempo. Llegué a pensar que no lo conseguiría. Fui excavando como si fuese tu tumba. Mis uñas estaban negras y mi mente enloquecida. Te encontraré, me decía, te devolveré a la vida.

Al fin, encontré tu nombre escrito. Encontré aquel fragmento con tu letra que me acompañó toda mi vida. Y a partir de ahí empezaron a surgir las palabras y a encajar los versos.

Y empecé a ver fragmentos de tu imagen frente a mí, entre líneas. Radiante y hermosa, aunque aún desdibujada, como si yo fuera un escultor que con mi mente te moldeaba. Y fui, poco a poco, recordándolo todo.

Fue hace mucho tiempo. Estabas apoyada en el muro. Leyendo en voz alta, anhelante, soñadora, con los ojos cerrados, con las puntas de tu pelo agitado por el viento, el resto retenido por tu gorro rojo de lana.

Hablabas de una rosa roja, perfecta y hermosa, crecida en mitad del cemento. Y yo no podía pensar más que entre aquellos muros tú eras la rosa, tan distinta a los tuyos.

Claro está que tú no me mirabas; yo era un soldado. Era un enemigo, y bien te habían dicho que de mí, y de todo lo mío, te alejaras.

La noche preparó la coartada. Penetré dentro de tu mundo como los otros, invadiéndolo con nuestras armas. Tanta gente que estaba escondida, poco después muerta en una esquina, acribillada.

Yo temblaba, no quería mirar hacia tu ventana. Sabía que una mirada serviría para condenarte. Y cuando te vi escondida, abrazada a tus cuadernos como un pajarillo asustado, me quedé paralizado. Quise apartar la mirada, pero no pude. Llevaste tu dedo a los labios suplicando mi silencio, pero ellos, los otros, te encontraron.

Al verte rodeada, asustada, entre gemidos rasgaste tus palabras, rasgaste tu legado para que no pudieran robarte lo que más amabas, y sobre un lecho de palabras te llevaron a rastras. Pensé que me moría cada vez que alguien te empujaba ¿Pero qué podía hacer yo? Da igual, el caso es que no hice nada. Me guardé en la chaqueta un fragmento con tu nombre pisoteado por las botas de un soldado, el resto quedó embarrado y muerto, olvidado por siempre en el gueto. Acaricié dulcemente mi tesoro, como si fuera una parte de ti, y de esa forma nunca estuve más cerca de rozarte que en aquel momento, en el que escuchaba tus gemidos y acariciaba tu nombre por ti misma escrito.

Ayer, en el Archivo de las Palabras que No Importan, cuando encontré tu manuscrito fragmentado, noté más ligeras las cadenas, como si no me rozaran. ¿Olvidaste también tus cadenas? No creo que pudieras olvidarlas.

Recuerdo cómo escribías «libertad» en la arena de aquel patio, al modo de los antiguos cazadores prehistóricos que otorgaban cualidades mágicas a lo que plasmaban en sus cuevas. ¿A dónde van las palabras que lleva el mar? ¿A dónde los susurros perdidos entre las hojas de un bosque? Pensé entonces que si las palabras muertas llegaran a algún sitio existiría una historia del mundo paralela, y en esa historia, tal vez quién sabe si todo podría tener un final distinto.

Y así decidí buscar en cada rincón del mundo y más allá del mundo. Si existe un lugar, un castillo errante donde se amontone aquello que se ha perdido, donde las almas olvidadas descansen esperando ser recordadas. Si existe ese lugar, ese lugar será mi destino.

Y así recorrí el mundo hasta encontrar este lugar, donde pude ver con claridad aquellas palabras nunca leídas, escritas con los dedos en la arena de Auschwitz.

—Ayúdame, por favor, ayúdame —imploraste. Mientras, yo tenía tu nombre guardado en mi bolsillo. Yo me decía que la guerra terminaría pronto y serías liberada. Pero me engañaba.

La última noche desperté en mitad de una pesadilla. El aire era demasiado pesado y no era fácil respirar. Más allá del cristal de la ventana la niebla era densa, mezclada con las almas de los cuerpos que se amontonaban. Allí te vi, aún hermosa, pero tirada en el cemento como una rosa marchitada. Muy pronto allí solo quedarían cenizas y olor a carne quemada.

Y al fin hoy, en el Archivo de las Palabras que No Importan, completé la última pieza y al hacerlo, pude ayudarte a salir de aquella niebla. Allí estabas, tal y como te recordaba, tan perfecta. Y supe que en algún lugar, al otro lado de este mundo, más allá de las fronteras, donde las cosas al fin se recuerdan, pronto alguien encontraría tus manuscritos y serías redescubierta. Te volví a ver un instante, con toda tu luz, tal y como juré que te recordaría.

—Debes prepararte para partir —te dije con lágrimas en los ojos, apartando mi mirada. Aun sabiendo que aquella sería la última vez que te vería pesaba más la vergüenza en la balanza.

Me miraste confusa, te llevaste el dedo a los labios, suplicando mi silencio, como en aquel otro momento, cuando aún vivías y te escondías en el gueto. Y entonces, escuché tus palabras como un eco mientras se apagaban.

—Vendrás conmigo —me dijiste—. ¿Es que aún no lo entiendes? Si debo ser recordada es por ti, porque tú siempre fuiste la rosa.

A vida o muerte

Cuando Orfeo se encontraba en el aire, subido en el alambre, era imposible imaginar un espectáculo más estremecedor. Caminaba por el alambre como cualquiera hubiera caminado por un ancho camino. Se subía al trapecio, con una doble voltereta hasta tomar con sus manos el otro trapecio en pleno balanceo, sabedor de que tanto el alambre como el trapecio eran solo extensiones de sí mismo. Había aprendido a volar antes que a caminar, y para encontrarle solo hacía falta levantar la mirada hacia lo más alto de la feria, y allí estaba siempre con una enorme sonrisa. Con el tiempo, había conseguido hacerse un nombre, y ser cabeza de cartel en los teatros de variedades más prestigiosos, dejando atrás los espectáculos itinerantes y las ferias de pueblo. Yo le amaba cuando sus pies tocaban el suelo, pero me sentía infinitamente amada cuando alcanzaba mis brazos y me sujetaba como si no pesara más que una hoja seca, balanceándome, a más de quince metros sobre el suelo. En ese momento estábamos los tres unidos, Orfeo, yo y el trapecio. Sentía que volábamos los tres en una danza perfecta, como si no hubiera nadie más que nosotros, a pesar de todo el público que nos contemplaba desde abajo, como una alfombra con rostros bordados llenos de asombro. El mundo estaba lejos de nosotros, de nuestros brazos entrelazados. De nuestras pupilas siempre fijas, las de uno en las de otro.

Pero algo falló aquel día. Cuando los brazos de Orfeo se extendieron hacía mí no llegué a tiempo a aferrarme a ellos. Mis dedos resbalaron con torpeza y el tiempo pareció hacerse eterno, como si quisiera mantenerme durante un momento más junto a Orfeo, antes de separarme de él para siempre. Fui cayendo, descendiendo, mientras su mirada cada vez se hacía más pequeña, hasta que noté cómo la red me abrazaba y me envolvía entera.

Pero la red no era ya una red, sino que se había transformado en algo blando y pegajoso. Unos ojos penetrantes y rojos, más grandes que mi rostro, fueron acercándose a mí como si fueran dos faros en medio de una intensa niebla, pero no parecía que aquellos ojos quisieran rescatarme. Mi corazón se aceleró. Quería huir, pero no podía levantar los pies de aquel extraño suelo que se hundía bajo mi peso. Una enorme pata peluda tocó mi piel, y quise apartarla de mí de un manotazo. El talco de mis manos al sacudirlas y golpear al monstruo se metió en mis pulmones y me hizo toser con fuerza. Sus otras patas me sujetaban y me inmovilizaban aún más, sin dejarme respirar. Noté sus colmillos rozándome el cuello, y un fino hilo iba envolviéndome el cuerpo, convirtiéndome en un extraño ovillo. No tenía escapatoria. Iba a morir devorada. Quise gritar con fuerza, pero también mi boca había sido sellada y amordazada por la tela de araña.

La araña gigante se rio ruidosamente viendo cómo trataba inútilmente de despegarme de su repugnante abrazo.

—¿No te vanagloriabas de saber volar?

Y yo cerré los ojos. Sí, yo sabía volar. Me había enseñado Orfeo. E hice que mis brazos crecieran y se transformaran en alas plateadas, y mi cabeza se alargó, dejando espacio a una nueva extremidad dura, fuerte y puntiaguda que se abrió en mi cabeza y se transformó en el pico de una extraña ave. Arranqué con mi pico las patas de la araña. Me deshice a picotazos de la tela que me rodeaba, y me separé de ella, levantando el vuelo torpemente y dejando atrás a la araña, gritando y mutilada. Grité yo también con rabia. Era la primera vez que volaba con alas en lugar de con un trapecio. Volé con fuerza, agitando las alas arriba y abajo hacia lo que pensaba que era la luz del sol, pero no, era la luz de una lámpara que colgaba del techo. Estaba tumbada en la cama de un hospital con los ojos entreabiertos, y la mirada borrosa, como si una tela de araña cubriera mi mirada. Me sentía inmóvil, paralizada. Pero feliz. Había vuelto.

—Poco a poco —me dijo una voz de un médico—. No haga esfuerzos. Hoy ha vuelto a nacer. Llevaba semanas muerta.

Debí de morir al rebotar en la red del teatro y golpearme la cabeza contra el suelo, pero por alguna razón seguía viva. Me habían abierto la cabeza, arreglado por dentro y cosido después. En lugar de pelo, tenía costuras, estaba horrorosa y lo que era peor, no podía moverme, cualquier movimiento podría ser mortal. Ni siquiera me atreví a preguntar si alguna vez podría volver a subir al trapecio.

Orfeo no había ido a visitarme. Siempre trepando, como un insecto. Siempre sujeto por su propio hilo y atrapado en su propia tela de araña. Antes de mi caída el mundo me parecía un fino alambre en el que caminaba junto a él, pero así como yo misma, convertida en pájaro, había soltado las ataduras y había volado en busca de una oportunidad, pensé que en el suelo él nunca estaría a mi lado, ya que solo era capaz de amarme arriba, cuando nos encontrábamos suspendidos en un trapecio.

Para su nuevo espectáculo habían colocado un alambre cruzando el río de un lado a otro. Yo no era nada comparado con aquello. Por mucho que su justificación para aquel espectáculo a vida o muerte fuera pagar las facturas del hospital, yo sabía que el fondo le movía ver su nombre en letras de oro en el libro de la historia del funambulismo. Si no, ¿por qué razón ni siquiera había venido a verme? ¿Qué era yo más que un ser desechado que ya no servía para subir a un trapecio?

Desde la ventana se veía el río, lo había dicho la enfermera. Me levanté, y arrastré mi cuerpo como pude hacia la ventana. Las fuerzas me flaqueaban, mis piernas temblaban por el esfuerzo, caminar sobre un alambre habría sido más fácil que caminar aquellos tres metros.

Así, puse un pie detrás de otro sobre el frío suelo del hospital con mis pies descalzos, como debía estar haciendo Orfeo en ese mismo momento sobre el fino alambre, sobre el río. Iba a desmayarme cuando al fin pude ver a lo lejos la sombra recortada del cuerpo de Orfeo cruzando el río, como si él fuese la pupila de un enorme ojo, volando como nadie lo había hecho. Y el iris era la luz del sol del que se desbordaban rayos dorados. Y así sentí, que de alguna manera, Orfeo me miraba por última vez. Las miradas fijas, la pupila del uno en la del otro. Mi vida se balanceaba, y la muerte parecía querer recogerla desde el otro trapecio.

Y estaba completamente sola.

Esta vez no habría red, no habría tela de araña que me recogiera. No habría hilos que me sujetaran, ni habría más lucha ni más regreso.

La mala hierba

Empezar a hablar de Denis hablando sobre mí mismo puede parecer presuntuoso, pero creo que es necesario. Para empezar Denis y yo crecimos juntos como espigas de un mismo campo que el viento agita suavemente en la misma dirección, pero incluso así, el sol parecía haber beneficiado a Denis con sus mejores rayos dotándole de belleza, talento y simpatía, mientras que a mí, como una mala hierba, me había dejado en la sombra. Si yo existía en el mundo solo era para engrandecer a Denis en comparación. En todo había sido siempre el mejor sin ni siquiera pretenderlo. Siempre el preferido de todos en la escuela y luego en la universidad. E incluso cuando ambos empezamos a escribir, mientras mis escritos no eran más que una sucesión de palabras sin sentido ni trascendencia, él había sido encumbrado y reconocido como una promesa de las letras con su primera novela *El príncipe maldito*.

En parte yo me sentía ese príncipe maldito, oculto desde el nacimiento, ese hombre talentoso que muere sin que nadie nunca se fije en él. Y Denis era el rey coronado, con su corte de bufones alrededor. Y lo más difícil para mí es que era un rey amado por su pueblo. Todos los que le conocían sentían un anhelo constante de estar junto a él. El odio es un sentimiento extraño porque puede esperar para siempre anidando cual oruga (o crisálida) hasta el momento de convertirse en mariposa. No es fácil saber qué despierta el rugido del odio en su cueva, pero en mi caso sé con certeza que fue Eunice.

Eunice era la criatura más irreal en su perfección que yo había contemplado, exceptuando al propio Denis, y me enamoré de ella al instante.

No pude resignarme a contemplar cómo me era arrebatada. Tal vez fuese solo la gota de agua que faltaba para desbordar el mar. Desesperado y enfermo de celos, fui a ver a un brujo que se anunciaba en las páginas de un periódico. No sé si creía o no en la brujería, pero pensé que valía la pena intentar un encantamiento por doscientos dólares. Aunque fuera el último dinero del que disponía. El brujo puso en mis manos un amuleto, una extraña flor llamada Rosa de Jericó, originaria de Asia y de África, que tenía, según me dijo, propiedades mágicas.

—La flor es inmortal, pero con una inmortalidad intermitente, sus ramas solo se abren a la vida cuando se sumergen en agua.

Pasando por alto la incongruencia de la existencia de una inmortalidad intermitente, comenzamos con un ritual de vudú, con pelo del propio Denis que le había robado de su chaqueta, y cuando terminamos conduje hasta el West Side, deseoso de entregarle el amuleto. Hacía pocos meses que vivía en aquel ático que le había dejado su editor.

Me precipité escaleras arriba hacia el ático, nervioso en contraste con el inocente y tranquilo semblante que encontré al abrir la puerta. Él estaba imponente, con un traje oscuro. Puse el amuleto en sus manos, y al hacerlo sentí el roce de su piel caliente contra la mía. Por un instante nos miramos y sentí que me encontraba ante un espejo, aunque fuera distorsionado. Me dio las gracias distraídamente con su encantadora sonrisa, y le expliqué que para atraer la fortuna debía sumergirlo en agua, y esperar a que recobrara la vida, pero creo que no me escuchó. Por un momento me arrepentí. Pero en seguida vi a Eunice en la terraza, sola, bebiendo una copa de vino blanco, y aquello me animó. Detrás de ella centelleaba la ciudad sobre el Hudson como si fuese un hada que atrajera a las luciérnagas. Fui hacia ella hechizado, mientras Denis decía algo ininteligible y se escabullía hacia el pequeño despacho en el que escribía.

Saludé a Eunice, y la hice sonreír. Pensé que podía ser el efecto del hechizo y que la sonrisa podría ser una invitación para algo más. Aprovechando la oportunidad, me acerqué a ella.

El pulso de Denis parecía agitado desde la habitación contigua si atendemos al repiqueteo de sus dedos contra las teclas de la máquina de escribir que bombeaba sus palabras envolviendo con sonido acompasado el aire que respirábamos.

Me tiré al vacío y traté de besar a Eunice. Ella se retiró, asqueada, y me dijo que me odiaba. Me amenazó entre susurros, apretando fuertemente los dientes. Me dijo que si no quería que Denis se enterara de aquello no debía volver a verla. Me sentí como un estúpido por haber creído que las cosas podían ser diferentes, y también por haberme dejado timar doscientos dólares que desde luego no me sobraban.

Me marché precipitadamente, sin despedirme de Denis. Dejé la ciudad. Puede parecer exagerado, pero preferí poner tierra de por medio.

Tal vez aquella era la excusa que necesitaba para romper con todo mi pasado, e iniciar una nueva vida. Alejarme de aquella parte de mí mismo. Alejarme de Denis. Recogí todas mis cosas y me marché hacia el oeste. Conduje varios días hasta que encontré una cabaña donde vivir y un trabajo a partir del que empezar de nuevo.

No di señales de vida más que alguna postal a mi familia. Unos años después, volví a escribir. Pura basura, ahora me doy cuenta.

Envié el manuscrito a muchas editoriales, y fui amablemente rechazado por todas ellas, hasta que finalmente me llamaron de una muy pequeña de Nueva York. Así fue como volví a la ciudad en el tercer aniversario de mi extraña partida, con mis esperanzas de nuevo llenas hasta rebosar. La ciudad no parecía haber cambiado y me parecía ver a Denis en cada escaparate, y al doblar cada esquina. Sin embargo ya no pensaba en Eunice. Mi pasión por ella se había evaporado. Por eso mi corazón dio un vuelco cuando la vi sentada, esperándome, en el despacho de la editora. Eunice era mi editora.

—Hola —me dijo, sin muestra de sorpresa—. ¡Cuánto tiempo!

—Hola —dije yo, recordando aquella noche funesta en la que había intentado besarla. —¿Qué es de Denis?

—Denis murió. Murió hace un tiempo. ¿Nadie te lo ha dicho?

—Nadie tiene mi dirección.

Y Eunice me contó lo que había ocurrido en mi ausencia. Lo que sigue a continuación es un relato de los hechos tal y como me los confió Eunice, excluyendo de ellos mis intervenciones en el relato, mis preguntas, sus llantos y esas pequeñas aproximaciones de sus manos a su rostro, tratando de tapar con ellos su vergüenza, como breve telón del drama:

Todo cambió cuando tú te marchaste. Denis cambió. Al principio no parecía que fuera algo definitivo. La verdad que trataba de no estar preocupado porque tú no le respondieras. Pensaba que te había ofendido de alguna manera, y no lograba entenderlo. Se puso en contacto con tus padres, pero Mary le dijo que no sabía dónde estabas pero que le habías dicho que necesitabas soledad. Pareció tranquilizarse, pero creo que en el fondo le preocupaba mucho. Un día que paseábamos por el Soho pasamos por una tienda de antigüedades y, como la boda de Antoine estaba cerca, entramos. Sobre una repisa había una flor extraña en un recipiente con agua, como una mandrágora sumergida, y él pareció acordarse de algo, pues por su rostro pareció cruzarse un recuerdo que le arrugó la frente. Luego supe que pensó en ti. La última noche le habías regalado una de esas flores.

Me pareció un poco trastornado entonces, pero nada que me preparara para lo que sucedería más tarde. Volvió a casa corriendo. Debía encontrar aquella flor, como si tú te hubieras encarnado en aquel objeto, y al perderte, al olvidarte en algún rincón, te hubiera perdido para siempre.

Traté de decirle que era una locura. Que las personas no habitan en las cosas inanimadas, pero él decía que existía una metafísica de las cosas, algo intangible que las rodea y les da significado.

Recordaba a menudo aquella noche en el ático. Se preguntaba dónde habría dejado aquella flor, en una mesa, en una esquina, en un cajón, olvidada eternamente. Nunca la encontró.

Empezó a recopilar las historias místicas que encontraba sobre la rosa, y una cosa aparentemente banal se convirtió en obsesión. Parecía que ahora que no estabas tú, él se hubiera vaciado de sí mismo.

No quiero culparte a ti, en realidad, fue mi culpa. Yo te dije que te quería fuera de mi vida, de nuestra vida. No me gustabas.

Ni siquiera le pude contar la verdad sobre nuestro encuentro en la terraza. Cuando me dijo que erais como cuchillas de un mismo trineo, que se apoyan la una en la otra, con la huella del pasado recorrido tras ellas, debí decirle lo engañado que estaba contigo. Debí decirle que hubieras sido capaz de traicionarle. Pero no lo hice, y le traicioné de esa forma yo también.

Dejé que llenara la casa de todas aquellas estrafalarias flores, y no sé cómo se volvió completamente loco. Esa pequeña línea de cordura que todavía le tenía atado al mundo se rompió.

Dejó el trabajo o le invitaron a irse. Dejó de comer, de asearse. Siempre en su jardín de flores muertas y renacidas. Creo que entonces solo tú podrías haberle salvado.

En cualquier caso, murió, y tendrías que haberle visto, tumbado, y desnudo como un recién nacido rodeado de aquellas flores retorcidas, en el centro de un jardín de muerte. Tiramos toda aquella porquería y le vestimos con su mejor traje. Te acordarás de él seguro, aquel traje oscuro que llevaba la última vez que le viste, en el ático, aquella noche que fue el principio del fin.

Lo más irónico fue que al ponerle la chaqueta ahí estaba, la maldita flor que le habías regalado aquella noche, en el bolsillo izquierdo.

Todo el tiempo había estado allí. Eterna, esperando su momento, con una eternidad intermitente, cómo tú le habías dicho.

Aquellas palabras de Eunice me estremecieron. Necesitaba pensar y me marché. No sabía si sentía culpabilidad, pues ¿qué había hecho yo? Sí, yo había deseado un gran mal a Denis por Eunice. ¿Por Eunice realmente? ¿Y ella? Ella pensaba que era la culpable de todo, y no podía vivir con ello, por eso al ver mi nombre en el sobre con el manuscrito supo que para poder redimirse debía ayudarme a publicar mi novela.

Ayudándome a mí le ayudaba a él, y de nuevo, si yo tenía éxito sería por él. En cambio yo de ninguna forma encontraría redención.

Custodia compartida

—¿Tú me quieres?

Paraba con el mando a distancia la imagen cada vez que ella hablaba y me quedaba hipnotizado mirando a través de sus ojos cristalinos la pantalla de plasma.

Lo hacía cuando pensaba que la echaba de menos y lo hacía cuando me sentía enfadado. Una cosa siempre iba unida a la otra.

El juez había fallado a favor de ella en aquella disputa sobre la custodia de los recuerdos, los malos recuerdos que todavía me hacían tanto daño y los buenos, que ya no recordaba. Para mí la peor parte, o la mejor si pensaba en lo fácil que me resultaba cada día olvidarla, solo recordando el desamor.

El pequeño apartamento en Villa Divorcio, amueblado con muebles Ikea, todavía tenía cajas amontonadas por todas partes que no me había molestado en abrir. Y aquella cinta VHS perdida entre todo lo demás, donde se podía leer «verano 2006» en la etiqueta escrita con rotulador azul. Debía de haber sido feliz aquel verano, en el que ella en la playa de arena blanca se daba la vuelta y miraba coqueta directamente a la cámara que yo sostenía. Se apartaba algunos mechones de pelo color ceniza y me dejaba ver a través de la lente sus ojos de color azul verdoso, y así miraba las 625 líneas de ella, y escuchaba siempre las mismas palabras que resonaban a través de aquellos altavoces del *home cinema* que compré únicamente para compartir con ella las tardes lluviosas.

—Será que no me quieres —me decía.

Y escuchaba mi propia voz que sonaba mortecina, fuera de cámara.

—Te quiero desde siempre, desde el primer día.

En la cocina la lasaña congelada que había comprado giraba en el microondas a la vez que mis pensamientos. Todavía quedaba tiempo para la cena y sin embargo pensaba que cuanto antes cenara, antes llegaría la noche, y antes la mañana.

Recordaba que a fuerza de dudar, ella había acabado con todo lo bueno. No me habría fijado jamás en ninguna otra. Sí, esa es la verdad, pero para ella la verdad no bastaba y siempre volvía a su desconfianza. «Me hartas», le decía yo, deseando que por una vez me creyera.

«Fue su culpa, sin duda», pensé yo. Incluso en un recuerdo feliz como el de la playa, ella me exasperaba con sus celos sin causa.

Sonó un pequeño timbre que me alejó de aquella ensoñación. Dudé por un momento en si sería el microondas o la puerta.

Abrí la puerta, y allí estaba ella, sonriendo de forma tímida. Hubo una época, seguro, en la que ella sonreía como lo hacía en aquel vídeo que resonaba en la pequeña casa, pero ahora solo era una sonrisa triste y apagada. Pensé que si lo recordara todo mejor, seguramente la encontraría cambiada.

—Derechos de visita —dijo ella un tanto aturdida, mirándome fijamente a los ojos, sin reparar en el aspecto de mi casa o en propio aspecto demacrado—. ¿No lo recuerdas? Vengo a buscar los malos recuerdos para llevarlos a dar una vuelta. ¿Qué haces?

—Preparaba la cena. Puedes quedarte con todo. ¿Sabes? No los traigas de vuelta.

Ella reflexionó unos instantes en la puerta, mientras parecía tomar fuerzas de flaqueza.

—Prefiero que te quedes con todo —le repetí con firmeza—. En serio, no quiero que vuelvas.

—No seas tonto —me contestó—. Me los llevaré a un bar. Necesito pensar en ellos y dar una vuelta. ¿Sabes? He estado pensando una cosa y… creo que me quieres.

—Eso es porque no te acuerdas —le dije yo—. Creo que nunca te he querido.

Al fondo del apartamento se escuchaba mi propia voz que repetía en la pantalla «te quiero desde siempre, desde el primer día». Una y otra vez lo mismo.

—Sé que me quieres. Que siempre me has querido —me dijo ella recordando, mirando la pantalla con las imágenes de aquel verano—. Dime otra vez que me quieres.

—No te quiero.

—Pero sí que me quieres. —Y acercó su mano temblorosa, y con sus dudas en la yema de los dedos me acarició la mejilla.

No recordaba nada bueno. Recordaba portazos. Discusiones. Llantos. Y al fondo esa mirada cristalina, que me parecía tan fría y transparente como aquella playa en la que veíamos los peces nadar en el fondo. Pero sus dedos en mi mejilla me acariciaban tan dulcemente que pensé que estaba a punto de recordar que todavía sentía algo por ella, algo escondido como un tesoro entre la arena de la playa de aquel viaje.

—Te propongo custodia compartida —me dijo ella, casi en un susurro, sin atreverse a mirarme si quiera—. Te propongo… —Y se calló, dejando que su mirada perdida se posase en las imágenes de aquel vídeo de la playa.

Y sonó un pequeño timbre en la cocina. La lasaña estaba lista.

—He hecho lasaña. Puedes quedarte, si quieres —le dije como única respuesta—. Pero dejemos que todos los recuerdos se queden fuera.

Y ella se sentó en el sillón envuelto todavía en plástico, justo a mi lado. Con el mando a distancia en una mano, y el tenedor de acero en la otra. Las miradas de ambos puestas en aquel vídeo de las vacaciones del 2006 que ya ninguno recordaba.

La isla

Pensaba que estaba muerto, pero por alguna razón respiro. Cierro los ojos, y al hacerlo, la luz del sol ilumina como una antorcha la cueva de mis recuerdos y aun con los párpados cerrados, veo otra vez a esos seres plateados descendiendo en mitad de las ruinas de la ciudad de Memphis, como luces aladas en medio de las tinieblas.

Prefiero abrir los ojos cansados y ver cómo las suaves olas cristalinas rompen eternamente una sobre otra, mojando la arena blanca, sin llegar nunca a tocarse. Perpetuamente solitarias y anhelantes.

Las palmeras, retorcidas, la fresca brisa marina agitando el rostro. Aquello que hubiéramos llamado paraíso. Pero qué es un paraíso si no existen ojos que puedan contemplarlo. Todo ha quedado vacío de significado. Todo ha quedado perdido.

Recuerdo a John Donne: «Nadie es una isla, completo en sí mismo». Pero yo soy una isla. Yo soy todo. Creo que no queda nadie en el mundo más que yo.

Me dijeron que me perdonaban la vida a cambio de escribir para ellos cuentos de ciencia ficción. Pero, ¿qué ciencia ficción puedo escribir que supere la realidad? Es increíble que me hayan indultado por mis mediocres escritos. Tan poderosos como para devastar el mundo, pero con tan mal gusto. Ojalá mi editor estuviese vivo para verlo. Tal vez se vieron reflejados en mis cuentos. No importa. Sea como sea, la única rebelión posible es no escribir para ellos. Qué importa vivir o morir si se ha perdido todo. No escribiré ni una palabra en mis cuadernos.

Escribiré en cambio en la arena porque mis palabras se las lleva el mar, y ellos no pueden leerlas. La arena es blanca y fina, el agua traslúcida. Lo único que me queda es mi viejo cuerpo y mis recuerdos. Mis pies se hunden en la arena como mis pensamientos y al levantarlos, las huellas se llenan de agua. Pienso en mi vida de ermitaño en Memphis, y los recuerdos se clavan hasta el fondo y se van desvaneciendo como las huellas.

«Deberías relacionarte más con la gente, no solo con tu libreta», me dijo tantas veces Nora antes de irse.

—Si pudieras verme ahora, Nora. Con mi libreta en las rodillas. Los dos solos, tal y como tantas veces dijiste que todo acabaría.

Y escribo sobre la arena con el dedo porque eso no pueden quitármelo ellos. «Deberías, deberías», ¿no es eso la vida? Una sucesión de deberías. Todavía escucho una voz que me dice que debería salvar la vida.

Al caminar por la playa un breve resplandor me ciega los ojos. Como si el sol al atardecer me guiñara un ojo desde la arena de la playa, infundiéndome ánimo. Siempre hay un camino, y una esperanza, me digo y me acerco. Es una botella, con algo dentro. La toco con el zapato y limpio la arena con mis manos. Siento cómo la arena se mete bajo mis uñas.

Dentro hay una carta ¿Es que hay vida más allá de esta isla? ¡Tantas veces pregunté lo mismo, mirando las estrellas!

Miro la carta, y paso por sus palabras sin comprender nada. Está escrita en japonés. Firmada por una tal Hiraki Noto. Es inútil, nunca aprendí japonés.

Pero no importa. Esto quiere decir que no estoy solo, como creía. Hay otras personas aisladas del mundo. De un mundo que ya no existe, y tal vez tan perdidas como yo. «Debes escribir un cuento. Debes escribir a cambio de salvar tu vida.»

No sacrificaré mis sueños. «¿Acaso lo has hecho alguna vez?», me dice una vocecita que parece traerme la brisa que recorre cada hueco, y que acompaña la soledad de esta isla. «Siempre habéis estado tú y tus sueños por delante del resto, y ahora mírate, mira tu reflejo en el agua. Viejo y solo, en un mundo roto.»

¿Debería escribir un cuento? Quien sabe… Tal vez debería escribir, aunque no sé si para ellos. Si no me abrasara tanto la cabeza, tal vez podría pensar en algo…

Y al fin me decido. Cojo mi libreta, y paso mi mano por su cubierta rugosa… y escribo. De vuelta al principio escribo todas estas líneas. «Pensaba que estaba muerto, pero aún respiro…»

Y al otro lado del mar está Hiraki. Con su carta en mis dedos pienso en ella a todas horas. La imagino como una mujer muy hermosa que al atardecer escribe sobre la arena con sus finos dedos, pensando que la marea traerá sus palabras hasta mí en forma de espuma. Aún puedo salvarla. Y le escribo una carta de amor con mis manos. Y ella me responde en mi cabeza, el destino nos ha unido de alguna forma extraña e incierta. ¿Habrá más gente además de nosotros, Hiraki? Tal vez solo seamos ella y yo. Una desconocida es ahora lo más importante de mi vida. Y escribo en la arena. Y escribo en mi libreta:

Amado mío,

Ven a buscarme más allá del mar, donde estoy atrapada. No escribiré ni una línea más que las que ya he escrito. Si esta botella de cristal no llega hasta ti pronto, estaré muerta. Ellos no permitirán que viva si no escribo lo que quieren.

Hiraki

¡Ay, Hiraki! Si te hubiera conocido alguna vez todo sería distinto. No tendría que inventar nuestros recuerdos. Te imagino como una mujer hermosa. Con el pelo oscuro, y los ojos rasgados, y esa sonrisa tuya, infinita.

¡Ay, Hiraki! Debes ser una poetisa, pero a diferencia de este pobre viejo, tú, Hiraki tienes talento. Siempre destacaste sobre el resto.

Tu caligrafía es tan hermosa que no es extraño que hayan decidido perdonarte la vida.

¡Ay, Hiraki! No como, no duermo, solo pienso en ti. Si aún te queda mi vida para llenar tu alma, no podrán vencerte. No podrán vencernos.

Entonces arranco las hojas de la libreta, para después doblarlas cuidadosamente y meterlas en la botella.

—¡Aquí tenéis vuestro cuento! —grito con rabia, sabiendo que nadie me escucha, tirando la botella con fuerza mar adentro.

Y al adentrarme en el agua me hundo con fuerza en la arena, y voy detrás nadando, siguiendo su estela. Detrás de ella, detrás de Hiraki, detrás de mis sueños, siguiendo el destino que he escrito yo mismo en la libreta, y que va a la deriva, dentro de la botella.

Nadaré hasta Hiraki, aunque el largo camino agote mi vida y se la lleve al fondo. Tengo su carta en el bolsillo. Las palabras de Hiraki, de su puño y letra, me rozan la piel como una caricia, y pienso que no estoy solo. Y todo el camino pensaré en ella. En esa suave voz oriental que nunca he oído. En esa sonrisa, que nunca he visto. Y en este cuento que ella nunca ha leído.

—Ojalá la marea me lleve pronto hasta ella.

Me siento como Ulises detrás de sus sirenas. Es el final del viaje, de mi propia odisea. Y aunque acabe atrapado en el agua, todavía podré mirar hacia arriba y ver la luz del día que se abre paso entre las olas, y pensar que aún brilla para alguno de nosotros, antes de dormirme y soñar por siempre, con ella.

Y así haré. Nadaré una vida entera hasta llegar a una playa, donde Hiraki me estará esperando impaciente. Y al abrir los ojos ella me sonreirá, y yo le susurraré: «Pensaba que estaba muerto, pero por alguna razón, respiro».

El beso

Yo, Charmion, miraba a mi reina borrosa tras las cortinas. Parecía perder sus contornos, y mezclarlos con las sombras rosáceas del Nilo. Nadie dormía bien en palacio desde la batalla de Actium. Mi mirada cansada se perdía en el río buscando la de mi reina amada entre las sombras del recién nacido día. «Los días andarán, a partir de ahora, huérfanos sin su reina», decía Cleopatra. Se escuchaba el eco del río cercano que, bañando los dos reinos, como serpientes, el Alto y el Bajo Egipto, los inundaba de vida, y acallaba las palabras de mi reina, que parecía volver a la vida por unos instantes, al ver el reflejo de Antonio a lo lejos como un espejismo en el desierto.

Desde Actium. Desde Actium la vida había sido muy diferente en palacio. Como si a mi señor le hubiera mordido la más venenosa serpiente, la de la cobardía, y fuera consumiéndole poco a poco. Un valeroso general huyendo de su propio pueblo. Y Roma acechando a cada momento, como una serpiente rodea con su frío cuerpo su presa.

La salida victoriosa para mi reina era aliarse con Octavio. Un beso. Un beso que le hechizara como antes a César y luego a Antonio. Pero Octavio era diferente. Y su corazón de reina, aún latiendo en su pecho, yacía ya en la tumba de Antonio, todavía caliente. No. La única opción posible, la *única salida era unirse en la muerte con él, como se había unido en la vida. Y yo, Charmion, su fiel criada, lo sabía. Aunque no lo hubiéramos hablado. No podía permitir que mi reina, mi amada reina, la única persona a la que realmente había amado acabara sus días cautiva en una tierra extranjera, tan lejos del Nilo.*

Bala levantó los ojos del libro. Después de horas leyendo en el porche alumbrada tan solo por las estrellas del cielo, y la tenue luz de una vela, contemplaba las luces de la mañana sobre el río a través de una nebulosa tejida por el cansancio.

¡Demasiado peso en sus pequeños párpados! Miró al horizonte con la mirada perdida, hasta donde la vista mezclaba las formas. Pasó sus finos dedos por las palabras escritas en aquel libro de la biblioteca del mayor Firch, y buscó con sus ojos el final de aquella historia, *Cleopatra VII de los Ptolomeos*, pero estaba tan cansada que las palabras caían sobre sus pestañas cerrándole los ojos.

Bala era shudra, era sierva según el sistema de castas. Ese sistema de castas que nunca había funcionado tras los muros de aquella casa inglesa a orillas del Ganges. El mayor Firch la había recogido hacía muchos años, y, lejos de tratarla como su criada le había enseñado cosas de la vida, entre ellas, a leer las palabras inglesas. Y así leía ella, con los pies enroscados, como serpientes, alrededor de su cuerpo y el sari tapando su piel morena.

La consciencia se escabullía de su cuerpo y se desvanecía entre las sombras del porche, y Bala antes de dormirse al fin, pudo ver en un segundo un resplandor dorado moverse en el jardín. «Debe de ser una serpiente», se dijo. «En cuanto despunte el día haré que la busquen bien entre las ramas.»

Y antes de que el brillo de la mañana redujera la oscuridad a su cárcel de sombras, haciendo brillar la madera del porche, Bala penetró entre sueños en la claridad del día que se filtraba a través de unas lujosas cortinas. Muy lejos del Ganges, a orillas del Nilo. En el palacio de Cleopatra.

«Es el momento, mi reina, ya es de día y pronto llegará Octavio», le susurré al oído, ofreciendo con mis gastados dedos de sierva la cesta de fruta fresca. Ahora yo, Charmion, ya no era egipcia, era una muchacha india fea y deforme. «Soy shudra», recordaba Bala. «Y la reina nunca me amó, como nunca me amó el mayor.» «Si solo fuera más hermosa», se susurró Bala en su corazón. «Y tuviera un bonito vestido», y miraba el sari reconvertido extrañamente en un vestido muy diferente, hecho de lino. Y la reina clavaba su mirada expectante, con los ojos vacíos.

Muy cerca, las serpientes anunciaban con su siseo su presencia. Solo había necesitado una mirada de mi reina y había comprendido. Dos serpientes. Enrolladas, y escondidas en la cesta, bajo la fruta, salían ahora presurosas en busca de alguien a quien inyectar su veneno. Solo le quedaba esperar. Esperar ese último beso envenenado mientras yo, Bala, contemplaba con ojos de Charmion la triste escena.

Aquella mañana el mayor Firch estaba inquieto y se levantó antes de tiempo. Empapado por el sudor, salió en busca de aire fresco. Y la vio a ella tendida, velando su sueño. «De nuevo se ha quedado dormida leyendo», pensó. India se le había metido muy dentro. «Hasta esa pequeña niña que recogí, y que se ha convertido en una perfecta criada inglesa, ¿no es verdad que es hermosa?, o tal vez es que me estoy haciendo viejo.»

Y el mayor a penas penetró en su precioso jardín inglés enmarañado, cuando la cobra dorada cayó sobre él como un rayo de sol en la mañana. Fue muy rápido, el veneno se extendió con tal rapidez que paralizó hasta sus palabras. No tuvo que esperar, y aunque intentó llamar a Bala, esta dormía mecida por la brisa del río, inmersa en un profundo sueño.

Y la luz del sol alcanzó los ojos de Bala, y esta despertó sobresaltada. Con las imágenes del sueño grabadas en las retinas no sabía si había despertado. Ahora era Charmion, y se veía a sí misma bajando las escaleras hasta el jardín, con los pies descalzos. «¿No es la reina tendida en el suelo?» Pero se acercó despacio y sintió un profundo dolor que empezaba en el pecho y le recorría el cuerpo, rebañándolo por dentro. No era un sueño. No era Cleopatra. Era el mayor Firch. ¡El mayor Firch! ¡Siempre fue tan bueno y amable! Y ella le amaba tanto… Y ahora ¿qué ocurriría con ella?, ¿qué ocurriría? Le rozó con sus labios solo un momento. Todavía notaba el calor de su aliento. Bala abrazó fuertemente su cuerpo como nunca se había atrevido. Ahora era suyo, solo suyo. Y así le meció, vertiendo dulcemente en su oído palabras de amor, esperando que la cobra saliera de su escondite y le otorgara a ella también la eternidad inyectada en sus colmillos.

Y en el jardín les encontramos a ambos, enredados como dos serpientes. Nada se pudo hacer por ellos. Y en el porche, encontramos un libro olvidado, el libro de Bala, y leímos en alto el último párrafo:

«El último beso. El último beso de Antonio, ¡cómo lo recuerdo!», decía Cleopatra, tratando de no pensar en el dolor punzante que notaba en el pecho. Pensaba en la calidez de

su beso, de sus brazos rodeando su cuerpo. «Si lo hubiera sabido, si hubiera sabido que era el último beso, nunca le hubiera dejado solo. Tengo todavía su sabor dentro. ¡Y pensar que llegué a imaginarme con Octavio después! Y creo que el veneno va fluyendo dentro de mí. Pero yo solo puedo pensar en Antonio.»

Y así fue, con estas palabras, como mi reina se despidió del mundo, y murió en mis brazos. Y yo cerré sus ojos, contemplándola por última vez. Acerqué mis labios y me despedí con un beso, sabiendo que pronto, muy pronto, volvería a estar con ella.

Frambuesas

El flautista le compraba cada día un pastel de frambuesas a la pastelera y, cuando ella se inclinaba sobre la bandeja, él le susurraba que la amaba.

Por las noches, el flautista se sentaba en un claro del bosque y tocaba una triste canción de amor, cada vez más bella, pues florecía de las penas de su amor no correspondido. Esperaba que el viento llevara la canción hasta ella y conmoviera su duro corazón.

Por las noches, la muchacha recogía frambuesas en el bosque, sin poder pensar en otra cosa que en mejorar la receta solo para él, y de esta forma, quizás conmover su duro corazón.

Ella no sabía que, desde hacía años, él no distinguía los sabores.

Él no sabía que la muchacha era sorda.

Dime, Invierno

Dime qué ocurre en el corazón de la montaña

En el corazón de la montaña, un manto de hielo y nieve lo cubre todo.

La niña solitaria se tapa los ojos para contener esas últimas lágrimas antes de que caigan convertidas en pequeños y salinos brillantes helados, que se incrustan en su manto. Los días caen deprisa. Las noches en cambio son largas y oscuras, tan cristalinas que solo se empañan por el aliento que se escapa del llanto de la niña.

A oscuras no se ven las tumbas cubiertas de blanco. Solo las estrellas iluminan tenuemente el cielo, parpadeantes. Ellas también tiemblan por el frío. O quizás por el miedo.

Con las manos heladas, la niña invita a las almas encerradas bajo el hielo a ocupar la nieve que ella misma moldea con sus dedos.

Luego coloca encima una pipa, un gorro, unos zapatos, cualquier cosa que perteneciera en vida a alguno de esos cuerpos enterrados. Y así las almas vuelven a tomar cuerpo, bajo un disfraz de nieve inmaculada con forma de muñeco.

Sentada en el suelo y rodeada de todos esos cuerpos helados, la niña no se siente sola.

—¿Queréis jugar conmigo? —les dice.

Y la montaña se llena de juegos otra vez. Como fue antes de todo. Como era antes del último invierno.

Dime qué ocurrió el último invierno

Cuando cayeron los primeros copos de nieve cayó también en el pueblo una terrible enfermedad totalmente desconocida. Un frío intenso que se apoderaba de todos. Se clavaba en sus almas y las congelaba, dejando el cuerpo muy rígido y la piel amoratada. Por más que se encendía el fuego, por más que se colocaran mantas, no podían hacer nada por vencer al frío que poco a poco les iba matando sin remedio. No parecía haber cura para esa enfermedad mortal.

La niña era la única que parecía inmune al frío, por lo que aquellos días de fuegos encendidos siempre sudaba. Sus dedos estaban mojados cuando tapaba con mantas los cuerpos enfermos. A muchos, a casi todos, era la primera vez que los tocaba.

Los hombres del pueblo cavaron muchas tumbas que serían usadas por ellos mismos, convirtiendo el bonito prado en un cementerio improvisado.

Ni los más afamados médicos del mundo pudieron hacer nada por los nacidos en el pueblo maldito de la montaña.

La niña cada vez se encontraba más sola y con una sensación extraña en el cuerpo supo que no quedaría nadie vivo antes de que terminara aquel invierno.

Arrastró el último cuerpo a la última fosa y pudo ver cómo el hielo la cubría al instante, convirtiéndola en un sarcófago de cristal transparente donde podía ver reflejada su pálida cara. Empezó a pensar que aquello estaba mal, y se le escapó la primera lágrima al ver convertido a su bonito pueblo en un pueblo fantasma.

—Ahora estoy completamente sola —dijo en un susurro—. Por favor, mátame también a mí.

Pero no ocurrió nada.

Y la niña solo pensaría a partir de entonces en lo que había hecho el anterior invierno.

Dime qué ocurrió hace dos inviernos

La niña se quedó hasta tarde levantada, apoyada en la ventana contando los copos que se perdían al caer en el campo blanco. Tenía los pies fríos, y la nariz roja, congelada.

Entonces había vida en el pueblo, y el paisaje claro se manchaba con el humo gris de las chimeneas, que eran la estela de todas esas almas respirando.

Pero siempre estaba sola, tan solo acompañada por su propia imagen reflejada en la ventana. Nadie quería jugar con ella.

Espiaba a los niños cuando jugaban en el prado, y solo salía a hurtadillas de noche, cuando se habían ido a casa, en busca de la compañía de algún muñeco de nieve olvidado con el que jugaba a sentirse acompañada. Jugaba a ser una niña normal, a ser como las otras. Abrazaba con fuerza al muñeco y le decía que le quería.

—Ojalá mueran todos cuando llegue el próximo invierno —le susurró al muñeco—. Menos tú, muñeco de nieve, que eres el único que me quiere.

Aquella noche, la niña besó los labios de nieve del muñeco sellando su deseo. La nieve se derritió con sus besos cálidos y la niña sintió que se estremecía. Pero la primavera asomaba con fuerza en el corazón de la montaña y, poco después, el muñeco desapareció, deshecho en un gran charco. Derretido hasta el siguiente invierno. A la niña solo le quedaría, como única compañía, el recuerdo del abrazo helado del invierno.

La niña vivió suspirando aquel año, soñando que había nieve cubriendo el prado. Soñaba que su reflejo en la ventana se cubría de copos de nieve, como si pintaran sobre ella puntos blancos.

Lo que la niña no sabía es que yo, el Invierno, lo había escuchado todo, y también anhelaba su abrazo, ya que nunca había notado tanto calor, ni sentido que nadie antes me hubiera amado tanto.

Por eso decidí cumplir los deseos de la niña. Y desde entonces en mi reino reina el frío, que lo cubre todo.

Y esto fue lo que dijo el Invierno

Bordados

Mis hermanas y yo cosíamos por la tarde en el cuarto azul, hasta que la luz de las ventanas hacía que los ojos se volvieran torpes, como envueltos en una nebulosa, muy parecida a la niebla que habitaba tras las ventanas. La rutina diaria incluía cuando el tiempo lo permitía un paseo por el pueblo o por los páramos, pero irremediablemente, la tarde pertenecía a la costura. Mis hermanas sacaban sus cestillos y se afanaban en hacer bordados para su futuro ajuar. Ese ajuar que nunca llegaba el momento de utilizar y que empezábamos a pensar que nunca llegaría.

Yo me sentaba junto a la ventana, en un pequeño escritorio, y también cosía, pero cosía palabras. Cada uno de los puntos de mi labor era una palabra, un adjetivo, un adverbio… Cada palabra se encadenaba a la siguiente haciendo un hermoso dibujo. Cada palabra escrita era una parte indisoluble de mis relatos. Esos relatos que las noches de invierno leía a mis hermanas y que parecía que nos cubrían con un manto de esperanza hasta entrar en calor.

Ahora trabajaba en la historia de Micaela Roberts, una joven huérfana que había sido criada por una anciana, que veía en ella el mismo espíritu que tenía de niña. Esta señora le había hablado del mar y de aquel verano extraño en el que se convirtió en lo que era, una aventurera. Aunque habían pasado muchos años desde que ella se hizo a la mar, todavía cuando miraba el suelo le parecía que se movía bajo sus pies, a causa del agua.

«Si me hubieras visto, Micaela, surcando el mar en un barco de vela. El pirata Michaels no era lo que se dice un hombre honrado, pero que me aspen si he visto hombre más bueno. La mitad de mi vida la viví en aquel barco, el Espíritu del Mar, y allí morí, con el cuerpo de mi amado pirata en mis brazos, el barco balanceándose, y aquellos hombres abordándolo. Tenía un dinero guardado, y lo recogí y compré esta granja, luego llegaste tú, como escupida del mar, como un trofeo, como un regalo. La hija que nunca tuve. Te llamé Micaela por él.»

Micaela creció con el amor al mar y al agua salada en cada rincón de su cuerpo. Sentía la llamada del mar, de las olas que rompían con fuerza contra las rocas. No tenía miedo de nada. Siempre supo que ella quería ser bucanera, como lo había sido su madre adoptiva.

—No sabes lo que dices, muchacha —decía la señora Roberts, tal vez pensando que había exagerado las virtudes de la vida en el mar y poco las incomodidades de las mareas.

Un día Micaela se echó a la mar con su barco de remos, sin atender a razones. En mitad de su paseo empezó a llover copiosamente. Hasta que su pequeña barquita pintada de color azul acabó por zozobrar. Micaela no nadaba demasiado bien y luchó con todas sus fuerzas contra la inmensidad de las olas, tratando de aferrarse a la vida.

Sin embargo, sus brazos, sus piernas, cada vez estaban más cansados y adormecidos por el frío mar que la mecía. A punto estaba de perder el conocimiento cuando unos brazos aguerridos la cogieron de los hombros y la levantaron como si fuera tan solo una muñeca.

Ella no recordaba cómo había sido su rescate. De hecho pensó que había muerto, hasta que abrió los ojos al sol y tuvo que volver a cerrarlos.

Le dolía la cabeza, y tenía una fuerte sensación de mareo. Debía de estar viva, porque nunca había oído de fantasmas con náuseas. Su salvador no era un pirata como había pensado.

Era solo un pescador. Micaela disimuló cierta decepción, ya que por lo demás el hombre era lo que siempre había querido…

—Me parece que viene alguien —me interrumpió Susan apartando por un momento sus ojos de la labor.

No me importaba que mis hermanas estuvieran a mi alrededor mientras escribía, pero me ponía furiosa si oía pasos desconocidos en el pasillo. No me gustaban mucho las visitas porque tenían la costumbre de interrumpirme en mi momento de mayor creatividad, cuando estaba inmersa en un duelo o en un momento íntimo, o como en este caso en el momento del rescate de Micaela. El momento era importante. Su salvador y el hombre que amó desde el primer momento: un honrado y pobre pescador.

Ahora debía dejar a la pareja, con sus sentimientos recién nacidos en el barco pesquero, mientras atendía a los visitantes. Dejar el manuscrito tapado con la labor, y mientras ofrecía un té y una sonrisa, mirar de soslayo a la historia, y quién sabe si en silencio pensar un poco ella, mientras pronunciaba palabras sin importancia y las importantes quedaban prendidas en los labios, sin atreverse a rozar la taza de porcelana. Quizás Micaela Roberts se quedara inmersa también en sus pensamientos, mirando a Matthew Cole cuando pensaba que él no estaba mirando. Tenía un rostro curtido por el sol, y la camisa húmeda por la brisa marina. Los ojos bellos, chispeantes, borrosos.

«Se miraron unos momentos a penas. Ambos apartaron la mirada. Tímidos. Nerviosos. ¿Podía ser que dos personas fueran reunidas en el mar de esa manera? Ya había pasado con la señora Roberts y ahora, con Micaela.

—No seré bucanera. Seré su esposa y estaré contenta —se dijo en silencio la muchacha.»

Así fue como aquel día en el que Micaela fue rescatada por Matthew Cole, el pobre y bonachón Cole, recibí a Arthur Honneyline. Como Cole, Arthur Honneyline, el hijo del *squire*, había venido a salvarme de alguna manera. A hacerme una proposición.

Cada día era lo mismo, Arthur era una buena compañía. Era apuesto, culto y siempre nos traía noticias divertidas de pueblo, a mí y a mis hermanas. Mentiría si no dijera que me agradaba su compañía. Pero más allá de eso no quería pensar nada.

Susan, que bordaba preciosos tapices con los que decorar la casa, o Mary, tan buena y tan honrada. Dos buenas esposas, esperando eternamente en el salón, sin mucho más que hacer aparte de esperar y bordar.

Yo no escuchaba. No era una buena elección para Arthur, así que cuando me dijo que deseaba tener una entrevista a solas conmigo y salimos al jardín, con los páramos llamándome a lo lejos, supe que debía rechazarle. Por el camino pensaba en Micaela, oculta bajo la costura, y pensaba en Matthew Cole, y fui vislumbrando su declaración de amor.

«—Soy pobre, Micaela. Pobre, pero trabajador. No puedo ofrecerte mucho, pero todo lo mío es tuyo.

Y Micaela y la señora Roberts se abrazaron y lloraron de felicidad, cuando le despidieron en la puerta y le vieron marchar. Las nubes llegaban a lo lejos en ese instante, y al momento, la calma del día se transformó. Las ramas se retorcían, y un chillido enloquecedor precedió a la gran tormenta.»

—Querida. —Honneyline cortó el torbellino de pensamientos de mi cabeza como un portazo corta el espíritu del viento—. No puedes saber lo mucho que he sufrido desde hace años, pero ya está todo arreglado. Desde el principio, para mí, no ha habido nadie más que tú. Ya sé que pensarás que es una locura, pero solía llegar hasta los páramos y agazaparme cuando solo era un muchacho. Y te veía jugar con tus hermanas, junto a la casa, con las piernas arañadas por el brezo, con el rostro manchado por el viento. Siempre eras tú, la más valiente, la más hermosa. Y siempre supe que me casaría contigo.

Le dejé hablar como en sueño, pero bien sabía yo que lo que pretendía era impensable. No podía casarme con él. Era imposible. En realidad no podía casarme con nadie. Supongo que hay personas que han nacido para estar cosidas al alma de otras personas. Pero yo no.

«¿Qué pensaría de mí Arthur si supiera mi secreto?», me pregunté. «Si supiera que escribo noches enteras cuentos de piratas, a la luz de las velas. No soy una buena esposa, para él. ¿Y si fuera todo diferente? ¡Si pudiera amarle sin renunciar a mi vida, a mi arte!»

¿Realmente escribir es tan importante?

Si al menos él hubiera elegido a Susan o a Mary… Yo le tendría cerca, como un buen amigo. Tan solo sería la cuñada excéntrica. Pero ¿cómo rechazar su propuesta, cuando en el alma está partida en dos? ¿Cómo arrojar una parte al olvido, y encarar el destino con resignación? ¿Podría cortar el hilo y hacer un nudo en el corazón?

¿Si no lo hacía, cuánto tiempo podríamos vivir así, de una pequeña renta, tres mujeres solas? Siempre habíamos dicho que una al menos debía casarse. Y debía casarse bien. No podía fallarles. No podría mirarlas a la cara, mientras los inviernos se sucedían marcando su piel y los años pasaban como las hojas de un libro sin ser leídas.

Puede que la pequeña llama de amor, si puede llamarse así, que sentía por Arthur no ardiera lo suficiente como para convencerme, pero el cariño a mis hermanas era mayor. Y así, pensando todo esto, mis labios acertaron a pronunciar un «sí», que me atravesó el alma al momento. Un «sí»» que se convirtió en rayo a lo lejos y partió el barco de Cole en dos, y le dejó a él a la deriva. Muerto.

Me despedí de Honneyline con un beso. Él se marchó feliz y en silencio. Demasiadas palabras dichas que debían consolar su alma torturada durante tanto tiempo. Mis hermanas me preguntaron, pero no les dije nada. «Todavía no diré nada», me dije mientras corría a mi escritorio. Escribiría toda la noche. Sin parar. Se me iría el alma con cada palabra. Aunque las palabras se las llevara el viento. Aunque el manuscrito muriera en casa en silencio.

A Micaela le dirían: «El barco nunca llegó a su destino, se perdió entre las olas, entre la tormenta, en un infierno gris de desolación». Y Micaela desconsolada entrará en el agua decidida y con cada paso su falda mojada se hará más pesada, hasta que ya no pueda tocar el suelo y la falda la arrastre hacia el fondo, donde por fin será consolada.

Y me vi a mí misma rodeada de agua, la falda pesaba demasiado. Y solo podía pensar en mis hermanas haciendo bordados, mientras yo poco a poco me iba hundiendo, como si yo fuera el hilo, y la aguja me atravesara por el medio y me empujara hacia abajo, al fondo del mar, en el centro del bordado. Naufragando en mis pensamientos.

Los rayos jóvenes del día entraron por la ventana, anunciando la mañana cuando me dormí en mi escritorio. A lo lejos, en los páramos de mi sueño, logré distinguir un barco, logré distinguir una bandera pirata, que ondeaba en la lontananza. «Es mi conciencia que busca otro final para la muchacha Micaela.» Un nuevo rescate del mar. Y así entre sueños, doy las últimas puntadas de mi relato, y solo por la noche, entre las sábanas, veo las velas de un barco, y veo a Micaela en lo alto, que sonríe y me da las gracias por dejarle vivir surcando los mares a bordo del Espíritu de Mar. Cuántas historias que no serán escritas vivirá Micaela en el silencio de mi pensamiento. ¡Cuánto llorará a Matthew Cole, el pobre pescador!

Y mirará al horizonte, y pensará en él y pensará en sus sueños rotos y desvanecidos, perdidos para siempre entre la espuma de la marea. Y quién sabe si un día el mar brillará con la luz de la luna a lo lejos, y se verá la sombra de un barco que se irá acercando, como atraído por un imán. Y desde el mástil en el que se apoyará Micaela, a través del catalejo, sus ojos verán a un hombre apuesto, de anchos hombros, la camisa abierta y húmeda por la brisa del mar. Los ojos, brillantes y borrosos. «No puede ser verdad…», dirá con el corazón palpitando con fuerza, golpeando el mástil que se tambalea, como agitando su brazo en pleno mar. «Él tiene que verme ahora. Ahora él me verá», mientras sus lágrimas saladas caen al mar. Las últimas lágrimas que derramará.

Ahora, mis hermanas y yo cosemos cada tarde en el cuarto azul. Y Arthur me coge de la mano, mientras por un momento dejo la labor a un lado. Y él, con su traje azul bien abotonado, me dice con ojos brillantes: «Me encantan, me encantan tus bordados». Y yo sonrío, y le beso, pero a veces pienso en mi pluma arrastrada por el mar.

Las hojas secas

La mujer que está sentada frente a ti se llama Gloria. Tiene tu mismo abrigo verde, con doble botonadura, y el mismo corte de pelo. Parece mirarse al espejo de la pared del café, ese espejo que está justo detrás de ti, pero es a ti a quien mira. No es extraño que al pintarse los labios a la vez que lo haces tú y sin dejar de mirarte, acabe manchándose los dientes de carmín rojo intenso. Piensas que el color es demasiado fuerte para una tez tan clara, y acabas por bajar la mirada un poco avergonzada por mirar tan fijamente.

Miras el fondo de tu taza de té y remueves el azúcar con la cucharilla. Al fondo se forma un remolino de hojas secas de té verde que te hace recordar un otoño lluvioso, muchos años atrás, cuando ibas al parque cada tarde a buscarle.

¿Recuerdas el crujido de las hojas secas bajo tus botas de agua? ¿Y cómo la otra Gloria te miraba desde los charcos mientras la lluvia trataba de borrarla y las hojas caían suavemente sobre ella? Entonces ella ya estaba allí. Vigilante y silenciosa. Cuidándote.

Y te llega el aroma de té, fresco y suavemente amargo, y vienen a tu cabeza imágenes y recuerdos. Él no sabía quién eras tú, solo eras aquella muchacha que cada tarde esperaba en el parque, encogida y temblorosa, como un gorrión mojado, en busca tan solo de una mirada, de una sonrisa, quién sabe si de una palabra. Siempre en el mismo sitio. ¿En qué momento comprendió que le esperabas?

Debió de ser aquella tarde de intensa lluvia, con la cabeza empapada, en la que corristeis juntos de la mano hasta refugiaros en algún lugar cercano. Quizás el mismo lugar en el que ahora te encuentras. ¿Acaso no lo recuerdas?

«Recuerdo que él apareció para llenar un vacío con palabras y esperanzas. Y que lo fue llenando día a día, hasta que un día, no sé cómo ni cuándo terminó por apagarlas.»

Y olvidaste su rostro, olvidaste su voz, olvidaste su nombre. Todo él se distorsionó hasta borrarse.

A veces crees que recuerdas. Lo intentas, y pides otro té verde porque es bueno para la memoria.

«Nunca me separaré de ti», crees que te dijo, aunque no estás segura de sus palabras. Llenas la taza de té hasta arriba y se desborda, y las hojas secas se acaban por escapar de la taza, igual que tus recuerdos llenan tu mente hasta rebosarla, para luego derramarse y perderse.

Te llevas la taza a los labios y bebes despacio, saboreando su aroma, y dejando la huella del carmín de tus labios en la porcelana blanca. Y te preguntas qué haces allí un día más. Sola, mirando tu reflejo.

La mujer que está sentada frente a ti se llama Gloria. Tiene tu mismo abrigo verde, con doble botonadura, y el mismo corte de pelo. Siempre observadora, siempre vigilante y silenciosa, atrapada en el espejo, sabe bien que él nunca falta. Que siempre se sienta en el mismo sitio y te observa sin apartar la mirada. Pero tú no le miras. Pero tú no le recuerdas. Quizás no llegue nunca el momento en que comprendas.

Mejillones al curry

El niño estaba en el fondo de un oscuro pozo, llorando, muerto de frío. Le castañeaban los dientes, con la ropa empapada por su propio vómito. Pero dejémosle unos momentos. Dejemos una chincheta sujetando el instante, y movamos las manillas del reloj hacia atrás, para entender cómo los finos hilos del azar tejen el destino.

Burdeos. Sur de Francia. El paisaje estaba lleno de hermosos viñedos. Olor a rosas. Una nueva fiesta en el *chateau*. Gente encorbatada. Trajes oscuros.

El niño entornó la puerta, pensando que tal vez podría llegar al jarrón de extrañas figuras que había en el salón sin que toda esa gente reparara en él. Como era bajito, incluso para su edad, no sería difícil. En la escuela siempre le llamaban enano. «Tengo que esconder el *gomitao*», se dijo. Cada vez llamaba con más insistencia a su boca, desde las profundidades de su estómago.

En el salón había un jarrón lo suficientemente grande como para guardar la pasta naranja. Pero el salón estaba lleno de gente extraña. Estaba harto de que la casa se llenara de toda esa gente. Todos se empeñaban en pellizcarle la cara, y en alborotarle el pelo. Mientras su madre siempre le regañaba por todo. «Tienes que portarte bien», le decía. Siempre se reducía todo a que se portara bien. El problema era que no sabía cuándo se estaba portando bien y cuando se portaba mal. Siempre escuchaba que era un niño *poblemático*.

Su madre. La buscó con la mirada entre toda esa gente del salón y la encontró en un rincón, riendo ruidosamente, siempre reía así cuando había invitados, pero cuando no había nadie nunca lo hacía. De hecho, nunca sonreía.

Salió al jardín, pasó por debajo de la verja. Y ahí estaba, rodeado de viñedos. Qué mal se encontraba. «Si pudiera hacer un agujero, y esconderlo dentro…», se dijo.

Cecilia también estaba harta de aquellas fiestas de su marido. Se aburría enormemente, aunque no lo parecía. Su sonrisa forzada, sus ojos pintados, el carmín rojo en sus labios. Había ido a la peluquería y había supervisado personalmente la cena. Y ella misma había hecho su especialidad, mejillones al curry, y lo había hecho pensando que, por fin, era la última vez que cocinaba para su marido y para toda esa gente. Mejillones, vino blanco, curry…

Lo tenía todo preparado y Fran la recogería junto a la carretera a las diez y cuarto, justo durante el discurso siempre aburrido de su marido. Las palmaditas en la espalda de los unos a los otros. Los brindis con los vinos. Las catas. Antes de que los cristales de las copas tintinearan por todo el *chateau*. Lo que empezó con un brindis por los novios, terminaría con ese otro brindis.

Desde el principio siempre pensó que se equivocaba al aceptar la proposición de matrimonio. En realidad no le amaba, nunca le amó. Y había aceptado la proposición de enterrarse en vida en el campo, con él. Y luego el niño. El pequeño niño que siempre le recordaba con los rasgos mezclados de ambos el error que había cometido.

Las maletas las había dejado en el jardín, escondidas, tan solo esperando que ella las recogiera y atravesara los apenas trescientos metros desde la verja del viñedo hasta la puerta del *chateau* donde Fran la rescataría de una vida insípida, en la que los días se sucedían uno a uno sin descansar, sin tregua, y sin ninguna emoción o sobresalto.

No miraría atrás. Como si pudiera enterrar una vida entera. Enterrarla en el olvido para siempre. ¡Cómo se había equivocado!, ahora lo sabía. Sabía que era un alma inquieta y que no podía amar a Jean-Claude, porque ya lo había intentado. Lo había intentado durante años. Y ahora, debía huir en la noche como si fuera un ladrón. Huía en la noche, llevándose consigo, como botín, su propia vida.

Hablaba con la gente como si fuera una sonámbula. Las palabras iban y venían, pero Cecilia solo pensaba en su liberación. En Fran. Entró en la cocina un segundo tratando de reponerse entre tanta falsedad y entonces lo vio. El taburete apoyado contra la encimera, y sobre ella, la fuente de mejillones al curry, según la receta tradicional de su abuela. «Hazlos con cariño, le había dicho, y tu vida será una balsa de aceite.» Y lo había sido. Pero quién hubiera dicho que una balsa de aceite no podía también hundirse hasta el mismo infierno. Jean-Claude decía que era el plato perfecto para acompañar al vino blanco.

Ese año su aroma era insuperable. En aquel lugar lo único que tenía sabor era el vino.

Las conchas estaban rebañadas, no quedaba a penas carne. El taburete acusaba claramente al niño. Ese mocoso siempre haciendo de las suyas. Le tenía que haber enviado a un internado. Antes de irse para siempre le iba a regañar tanto que el niño recordaría siempre a su madre como una mujer regañona, vestida con un vestido de negra seda.

El niño en el jardín vio a lo lejos el pozo. Solo tenía que levantar la tapa e inclinarse. Y además, así nadie descubriría que se había comido todos los mejillones.

Así se inclinó sobre el pozo y empezó a vomitar, con tanta fuerza que no pudo evitar caerse hasta el fondo.

Cecilia salió al jardín llamando al niño, pero nadie respondía. Su carroza de cristal esperaría hasta las diez y cuarto tan solo. Junto a la carretera. Fran le había dicho: «Ni un minuto más te esperaré, princesa. Si no estás me marcharé sin ti, y nunca más nos veremos». Y ahora ese niño, ¿dónde se había metido? ¡Iba a matarlo! El reloj parecía resonar con fuerza en su cabeza. Eran ya diez toques. Era el momento. Y ella escuchaba a penas un sollozo a lo lejos.

Salió a los viñedos, levantando la verja. Ese olor a rosas que ya tenía metido dentro. Cómo lo odiaba porque era falso, era mentira. Todas esas tardes en el viñedo, con el sol regalando sus últimos rayos, y Jean-Claude a su lado. Y Jean-Claude sin saber a penas que ella existía. Sin mirarla, sin abrazarla, sin preguntarle si necesitaba algo para hacer de su vida algo diferente a una vida indiferente, insípida, y carente de significado

Fran. Fran era un buen hombre. Había venido a vendimiar. Y desde el principio Cecilia se permitió ciertos coqueteos. ¡Qué importaba ya lo que pudiera ocurrir! Jean-Claude no sabía amarla, si es que todavía la amaba, y una buena cosecha se preparaba, todos lo sabían. Y Cecilia sonreía por dentro, porque por una vez se sentía viva. «Sí que sería una buena cosecha, por fin.» Ahora todos esos recuerdos aparecieron atormentándola. «Fran vino para salvarme, para liberarme, como en los cuentos.» Como los cuentos que nunca había leído al niño. A su hijo.

Llamó corriendo a Jean-Claude, que empezaba su discurso: «Mis queridos invitados, esta noche es una noche de celebración. Es una noche especial porque cada nueva cosecha lo es…». Cecilia le cortó.

—Jean-Claude, hay un problema, el niño está en el pozo.

—¿Qué dices?

—Han sido los mejillones.

Y el niño estaba en el pozo, y ese era el momento. Un pequeño imperdible. Un pequeño apunte en su vida. Una anécdota tal vez insignificante. Llamaron a los bomberos, y mientras esperaban los minutos se clavaban en el alma de Cecilia. Tenía un nudo en el estómago. «El niño está bien, márchate», se decía. Pero sus pies no la obedecían. «Fran se irá sin mí, le perderé. ¿Cuándo tendré una nueva oportunidad de huir?». Miraba a Jean-Claude y ya no sabía lo que debía hacer.

«Los malditos mejillones, ¿por esto es por lo que decía mi abuela que la vida sería una balsa de aceite? Nunca pasará nada, en mi vida nunca pasará nada», gritaba en silencio desde las profundidades de su alma. Mientras, todos a su alrededor la miraban. «Qué gran mujer.» «Qué gran madre.» «Qué entereza.» Los pensamientos se cruzaban atravesando el viento.

Toda esa gente. Trajes oscuros. Mentes idénticas, arrojando idénticas preguntas. «¿Un descuido?» «Con los niños pequeños ya se sabe.» «Ese niño es un mal bicho.» Pero era solo un niño pequeño.

Ya nada podía hacerse. Las diez y media pasadas. Fran se habría marchado. ¡Cuántos años iguales a este, al anterior! Cuántas fiestas en el jardín, cuántas sonrisas y caricias falsas vendrían después de esa noche. ¡Cuánto sacrificio, cuánta resignación! «Igual que mi madre, igual que mi abuela.

Es como los mejillones, la receta tradicional de la familia, compuesta por miedo y unas gotas de autocompasión.»

Al niño le sacaron a las doce en punto. Asustado. Temblando. Las manos arañadas de tratar de escalar por las duras piedras que resbalaban. «Me portaré bien, mamá. Te lo prometo», le había dicho en la oscuridad al silencio.

Salió del agujero negro, del pozo, cubierto por una repugnante capa naranja, y un olor a curry casi insoportable, descompuesto. Ese fue su segundo nacimiento y el verdadero. Y como la primera vez, le pusieron en brazos de su madre, de Cecilia.

Otro niño quedó atrapado para siempre en la oscuridad del pozo, con la cabeza inclinada hacia atrás, mirando la escena desde abajo. Mientras André era abrazado fuertemente por su madre, que le limpiaba con sus lágrimas, sin dejarle espacio a penas para respirar, manchándose el precioso vestido negro de seda de esa pasta naranja fluorescente.

Y en el ambiente flotaba el insistente olor de las rosas, que casi ocultaba el fuerte olor a curry de la receta tradicional de la familia.

Nieve

¿Qué es un copo de nieve? Pequeño y suave, y no peludo como Platero, sino helado. Tan frío que puede cortar el viento. Cuchillas envueltas en algodón insinuantes al viento. Me siento con una manta que me cubre hasta el cuello y un chocolate caliente que me quema las yemas de los dedos. Miro tras el cristal cómo la nieve cubre la ciudad, lentamente, envolviéndola en frío y silencio. Me encanta esa sensación de calidez, y me encanta la nieve. Cuando nieva me acuerdo de tantas cosas. Cosas que han pasado realmente y cosas que tal vez nunca pasaron, pero de las que igualmente me acuerdo. Los recuerdos caen sobre mí como los copos, cubriéndome muy poco a poco.

A mi alrededor veo cómo caen despacio. Veo gente trabajando, echando sal en las calles. Los veo. Veo hombres que caminan con sus paraguas. Niños que ríen divertidos al sentir la nieve sobre ellos. Y me veo a mí misma, como si flotara en el aire, atrapada en pequeños espejos. Recuerdo mis pequeñas manos apoyadas contra el cristal de la clase, mientras mi reflejo se cubría de pequeños lunares, que iban alfombrando de nieve el patio del colegio. Le pedimos permiso al profe para usar una mesa pequeña como trineo. Y nos deslizamos con ella sin miedo a nada, rodeados de montañas blancas hechas de sueños. Mientras el sol salió envidioso entre las nubes con fuerza abrasadora. «Es el perihelio», nos dijo el profe. «Es en enero cuando el sol está tan cerca que incluso puedes ver los hilillos de luz y acariciarlos con los dedos.» Yo pensé que el sol también quería jugar con la nieve, pero esta se derretía insistentemente entre sus rayos y se perdía entre sus huecos.

Después una guerra de nieve. Cosa importante, las guerras de nieve. Una gran bola que estampé en la cara de Mario. Claro, Mario me gustaba. Cómo te gustan los chicos a los nueve años. Nieve por mi cara, o quizás lágrimas. Y un castigo del profe. «No se tira la nieve a tan poca distancia.» Y nieve deshecha que cubría mi cara. Muchos inviernos sin nieve después, y alguna nevada, la niña se deshizo como si fuera un muñeco de nieve. Crecí, y al crecer se dejan atrás las guerras de nieve, se dejan atrás los juegos en el patio del colegio. Otro copo de nieve. Otro momento flotando en el viento. Me enfadé con mi novio, un novio más que se desvanecía entre mis dedos, como la nieve, como la Bruja del Este de *El mago de Oz* al contacto con el agua. Nieve, agua. Un momento. Un copo de nieve. ¿Qué importa un solo copo de nieve en una nevada? Salí furiosa, con un vestido negro de tirantes, y zapatos de tacón altos. Un frío intenso y ningún taxi. «Ya se sabe», pensé, «las cenas de Navidad de empresas. La peor fecha para coger un taxi en el centro.» Y entonces empezó a nevar lentamente, muy lentamente. Perezosa nieve. Al principio me decidí a caminar deprisa pensando que podría ser más rápida que la nieve. Que podría dejarla atrás fácilmente, igual que había dejado atrás mi infancia. Qué ilusa era yo. Empezó a cubrirme entera y a deslizarse por mi piel. Ahora que miro a través del cristal, cómo me acuerdo. Me parece sentir los copos sobre mí. Cómo iban llenándome de puntos blancos. Tenía que caminar despacio, para evitar resbalar con el hielo que se había formado en el suelo. Viendo que no podía caminar me descalcé y di pequeños pasos, cubiertos mis pies tan solo por una media fina y negra que trataba infructuosamente de dar calor a mis pies cada vez más morados. Me empecé a reír. Primero una sonrisa. Y después verdaderas carcajadas, mientras tiritaba de frío y mis piernas se quedaban heladas. Lo divertido de todo es que ya no pensaba en él. «No volveré contigo, Ismael», me hubiera dicho. Y es que ya lo tenía grabado en mi voluntad de hierro al rojo vivo, como un forjador moldea a golpes y fuego sus armas. Y me resbalé, me resbalé mojándome entera, y unas manos cubiertas con guantes de lana me ayudaron a levantarme.

Yo no tenía nada, solo una torcedura de tobillo. Él, desconocido aún, tenía el coche aparcado y se ofreció a llevarme a casa. «Será imposible coger un taxi esta noche.» Yo accedí. «Me llamo Mario, soy fisioterapeuta. Te haré un hueco mañana en mi agenda. Ese tobillo necesitará rehabilitación intensa.» Y me citó para todos los jueves, y luego para los fines de semana, y luego para todos los días. ¡Y ya no me duele nada!

¿Qué importancia tiene la nieve? ¿Para qué nieva, si nevar siempre es tan breve? ¿Cómo se sabe qué copo de nieve es el centro de la nevada? Me siento con una manta que me cubre hasta el cuello, y un chocolate caliente que, ya lo he dicho, me quema las yemas de los dedos. Miro tras el cristal de la bola con Madrid en miniatura viendo caer la nieve aunque sea de mentira y rozo mis labios con la taza blanca. Y pienso en mis dos Marios. Un círculo perfecto. Aquel niño pequeño al que tiraba bolas de nieve, y aquel otro extraño que ya no lo era y que me salvó de ella. Porque la nieve es para los niños y está bien verla, pero a salvo, junto a un cristal, recordando lo que fuimos y lo que somos ahora. ¿Cuántos copos de nieve hay? No lo sé.

Pero sé que importa, después de todo, un solo copo de nieve en la nevada. Pues ¿qué somos nosotros sino copos de nieve atravesando el tiempo, siempre a punto de deshacernos? Pero qué importa el final, qué importa desvanecerse en el suelo. Lo maravilloso es deslizarse insinuante en el viento. Aysss, ojalá nevara.

El hombre, encadenado

Interior. Día. Empieza todo con una visión tomada desde arriba —plano cenital—, la habitación parece aún más pequeña. Paredes verdes. Entra la luz por una pequeña ventana y se reflejan los barrotes en el suelo. Solo una cama, y un cuerpo inerte sobre ella. Sudoroso. Es un hombre. Los ojos cerrados, todavía no quiere abrirlos aunque está despierto. Nos metemos en su mente unos segundos —zoom—, y leemos sus pensamientos, que pasan a un primer plano —primerísimo primer plano de sus pensamientos—. Resulta que quiere abrir los ojos, pero tiene miedo. Todas las mañanas abre los ojos y encuentra un mundo diferente, un mundo extraño. Cada día encarna un personaje distinto, una vida distinta. No se acuerda ya de cuándo fue la última vez que protagonizó su propia vida. Cuándo su alma se separó de su cuerpo.

Ahora, cuando despierte, o mejor cuando abra los ojos y mire a su alrededor, se dará cuenta de que está en una celda, pero no podrá recordar qué le ha llevado hasta allí —plano detalle de los ojos—.

Estará confundido. Se mirará su cuerpo cubierto de sudor y se palpará el rostro tratando de averiguar su apariencia. Imaginando su rostro, tratando de verlo incluso con los ojos cerrados, igual que el día anterior, igual que hace cada día desde que empezó todo.

Esto ocurrirá hasta que escuche acercarse por el pasillo unos pies lentos que cada vez estarán más cerca, hasta apagarse junto a los barrotes de metal de la celda. Entonces verá frente a él a un hombre vestido de uniforme, sudoroso, pelo canoso, dientes marrones, y hedor a tabaco, que se dirigirá a él con desprecio.

—¡Eh, tú! —le dirá, envolviendo cada sílaba en saliva—. No sé por qué vienen a visitarte, pero alguien ha venido. De todas formas ya sabes que la barbacoa será esta noche, y esta es tu última visita.

Entonces, veremos sus ojos azules —primerísimo primer plano—, confundidos. Pobre hombre de la celda. Él está allí, respirando, en un cuerpo que no es el suyo, pero por poco tiempo, pues si es verdad lo que dice aquel hombre que con cada sílaba escupe saliva a través de los barrotes nuestro protagonista morirá esta noche —zoom a los pensamientos—. Él no sabe si morirá efectivamente esta noche. Morir es algo nuevo, él roba instantes, roba días de otros, manteniendo su alma viva saltando de un cuerpo a otro, pero nunca ha muerto. ¿Cómo será morir en cuerpo ajeno? Vemos en su mente una colcha hecha de retazos, cada uno de ellos en movimiento. Eso es él, piensa, una colcha americana.

Entonces será encadenado. Como si de esta forma su ser se encadenara a ese cuerpo prestado. Y caminará, y notará dolor en sus tobillos por el roce del metal. Caminará por el pasillo verde, por el camino que dentro de unas horas le llevará a su final —travelling del pasillo—. «Si fuera amarillo», piensa, «si fuera amarillo tal vez me llevara de vuelta a mi casa, como el mago de Oz. El camino de baldosas amarillas…», es curioso cómo se acuerda de algunas cosas y sin embargo no se acuerda ni de su nombre real.

Entrará en la sala, y allí estará esperando ella —plano medio, acercándose, zoom lento—, y veremos su rostro pálido, a través de sus ojos claros, a punto de estallar, sin poder contener el llanto —primer plano—.

Vestida con un jersey verde de lana de cuello alto. Muchas bolitas en el jersey. Muchas lágrimas derramadas por alguien que tal vez no las merecía.

Es extraño pero mientras ella habla es como si ella se dirigiera realmente a su verdadera alma. En la imagen solo la vemos a ella. El hombre encadenado está de espaldas —plano escorzo—.

—Sé que me dijiste que no viniera —dirá ella, tratando de encontrar las palabras—. Y no iba a hacerlo, pero quería verte por última vez… y cambié el turno en el hospital.

El hombre encadenado no dirá nada entonces. La cabeza agachada. ¿Qué puede decir a aquella mujer que no conoce? ¿Cómo puede despedirse en nombre de otro? Pero por increíble que parezca, ella le resulta extrañamente familiar, y no puede evitar mirar fijamente sus tristes ojos.

Mirará luego sus propias manos, que no son suyas, preguntándose qué han hecho para merecer la muerte —plano detalle de las manos—. Por mucho que las mira no logra ver más que unas manos. Ella lentamente levantará el rostro de él con los dedos —plano medio—. Un pequeño roce. Y entonces el hombre encadenado reaccionará, al tiempo que levantará la mirada girando hacia arriba las cejas en señal de asombro, abriendo las pupilas, tratando de recordar algo —primerísimo primer plano—.

Es imposible, ha ocupado muchos cuerpos hasta entonces, pero esta será primera vez que tenga la sensación de que conoce a alguien. Las manos de ella le recuerdan algo. Maldita sea —zoom a los pensamientos—, le resulta familiar incluso ese perfume barato de jazmín. Sabe, intuye, que la conoce de algo. Ella llorará, dejará que las lágrimas caigan despacio, acariciando suavemente la mejilla, y él las secará con las mangas de su uniforme, de ese pijama azul que lleva puesto. Y por un instante, deseará que aquel hombre, que aquella carcasa, se pegue a su alma como si fuera su verdadero cuerpo, para que ella llorara realmente por él y no por propietario de aquel cuerpo. Y sentirá lástima por ese hombre encadenado, porque pensará que con sus últimos instantes robados está ya muerto.

El hombre encadenado se marchará con las lágrimas de ella humedeciendo su camisa, y le veremos avanzando por el pasillo —travelling—, mientras ella se girará para mirarle por última vez. Si hiciéramos un zoom a sus pensamientos, veríamos que está rota por dentro. Subimos el volumen de la música. Fundido en blanco. Encadenado.

Interior. Día. Plano tomado desde arriba —plano cenital—, la habitación parece aún más pequeña. Paredes verdes. Entra la luz por la ventana y se refleja la sombra de un pájaro que vuela. Solo una cama y un cuerpo inerte sobre ella. Sudoroso. Los ojos cerrados. Todavía no quiere abrirlos aunque está despierto. Nos metemos en su mente unos segundos —zoom a sus pensamientos—. Quiere abrir los ojos, pero tiene miedo.

Los abre con cuidado y se da cuenta de que todo está borroso. Miramos con sus ojos —plano subjetivo—. Vemos que se acerca alguien, y él nota que alguien se inclina sobre él y casi le roza. Nota el olor de un perfume barato que le resulta irresistible. Que está seguro que conoce.

Y entonces, y aún sin abrir los ojos, escucha una voz femenina.

—¡Se ha despertado, es increíble! Se ha despertado, es un milagro —dice ella, con emoción en sus palabras. Él mueve sus manos. Quiere tocar su rostro. Le duele la cabeza.

—¿Te conozco de algo? —acierta a decir él, como un murmullo.

—Te llevo cuidando meses, tuviste un accidente. Soy tu enfermera, pero es la primera vez que me ves. —Y vemos una lágrima que cae por el rostro de la joven de ojos claros, y entonces hacemos foco en ella y ya no la vemos distorsionada. Es ella.

—Perdona, he pasado un día horrible —añadirá, sonriendo tímida y triste—. Me alegro de que estés de nuevo con nosotros.

Zoom a los pensamientos. Recuerda. Ahora recordará todo. El accidente. El momento en el que levantó los ojos de la carretera —plano subjetivo—, se salió de la carretera y se estrelló contra el árbol. Un golpe brusco que hizo que se separara de su propio cuerpo. Notó que se elevaba suspendido en una grúa, como si volara. Y desde allí, descendió despacio hasta el suelo, buscando desesperadamente su cuerpo, hasta encontrarse de nuevo.

Subimos el volumen de la música. Fundido en negro.

Sobreimpreso aparece la palabra «fin».

www.ingramcontent.com/pod-product-compliance
Lightning Source LLC
LaVergne TN
LVHW010649200726
843507LV00011B/1788